LUIS DURNWALDER

Die Drucklegung dieses Buches wurde ermöglicht durch
die Südtiroler Landesregierung / Abteilung Deutsche Kultur.

BIBLIOGRAFISCHE INFORMATION DER DEUTSCHEN NATIONALBIBLIOTHEK
Die Deutsche Nationalbibliothek verzeichnet diese Publikation in der Deutschen
Nationalbibliografie; detaillierte bibliografische Daten sind im Internet abrufbar:
http://dnb.d-nb.de

2021
Alle Rechte vorbehalten
© by Athesia Buch GmbH, Bozen
Umschlagfotos: Markus Perwanger
Design & Layout: Athesia-Tappeiner Verlag
Druck: Athesia Druck, Bozen

ISBN 978-88-6839-550-6

www.athesia-tappeiner.com
buchverlag@athesia.it

Markus Perwanger

LUIS DURNWALDER

Momente meines Lebens

 ATHESIA VERLAG

INHALT

DER LUIS

Momentaufnahmen: Luis Durnwalder, das Urgestein, die knorrige Lärche, der Reibebaum, öffnet das Bildarchiv – und beantwortet Fragen. 25 Jahre lang war er der Macher.

Was er auf den Weg gebracht hat – oder verhindert –, lässt sich in Archiven und Protokollen, auf Tausenden Seiten im Netz, in Büchern und Filmen finden. Vielleicht nicht alles, aber doch eine ganze Menge. Allein im Fotoarchiv der Tageszeitung „Dolomiten" liegen mehr als 10.000 Bilder, die der Rechner zum Stichwort „Durnwalder, Luis" auswirft. Wir haben sie gesichtet, eines nach dem anderen, und mussten eine, zugegeben, komprimierte Auswahl treffen. Dazu die Aufnahmen, die Durnwalder selber in penibel beschrifteten Mappen und Ordnern aufbewahrt, in den meisten Fällen Erinnerungen an lieb gewonnene Menschen und prägende Augenblicke – Familie, Gäste und Prominente, einfache Menschen sind auch dabei.

Es ist auf den ersten Blick eine geordnete Welt, eine Welt in Schwarz-Weiß, Durnwalder weiß, was er will, was richtig und falsch ist, was er mag und was nicht. Selbstkritische Fragen gehören nicht zu seinem Repertoire. Möchte man meinen. Und: Er kann über sich selbst lachen.

Luis Durnwalder war in meinem beruflichen Leben eine feste Größe.

Ob ich ihn kenne? Schwer zu sagen.

Breiter Nacken, lauernder Blick, herzhaftes Lachen, das ist Durnwalder am Foto meiner inneren Sofortbildkamera. Doch das kann nicht die ganze Wahrheit sein. Ist sie auch nicht.

EBAUM

Lehrstunde

Den späteren Landeshauptmann lernte ich in den Siebzigerjahren kennen, als junger Ortsobmann der Volkspartei in Radein. Redner für Jahresversammlung gesucht. Gleich mehrere Prominente hatten sich geziert, an einem Sommerabend in das kleine Bergdorf zu fahren. Der Luis sagte zu, sofort, er ahnte, da sitzen vorwiegend Bauern, ein Heimspiel. Es mag eine Randnotiz, eine unbedeutende Episode sein, doch sie lässt tiefer blicken: Durnwalder entscheidet, sagt Ja, manchmal auch Nein, aber was er sagt, das gilt. Handschlag-Qualität.

Große bedeuten ihm gleich viel wie Kleine. Man mochte ihn, die meisten zumindest, weil er so war, wie er war.

Zum Vergleich: Während seiner Zeit von 1989 bis 2014 gaben sich in Rom 17 Regierungen die Klinke in die Hand. Doch in Südtirol ticken die Uhren anders – das war bereits unter seinem Vorgänger Silvius Magnago so. Ein echter Chef sitzt lang im Sattel.

Ich besuche Luis Durnwalder in Tschirland, wo er mit seiner zweiten Frau, Angelika Pircher, und Tochter Greta lebt. Den Haselbrunnhof hatte ich mir anders vorgestellt, als einen Hof mit dicken Mauern, Geranien am Fenster, Stall ... nein, es ist ein Anwesen wie aus einer Zeitschrift für Architektur und Design: klare Linien, Beton, Holz, offenes Glas mit Blick auf den Garten – und auf die Obstwiese dahinter, Durnwalders persönliche Ecke, das überschaubare Reich des Alters.

Wir sprechen über seine vielschichtige Karriere, über Hintergründe, Details und besondere Momente.

Beginn einer steilen Karriere: Ein echter Chef sitzt lang im Sattel.

Soeben gewählt:
der neue Landeshaupt-
mann, flankiert von
seinen Stellvertretern
Otto Saurer und Remo
Ferretti (vorn). Links
(stehend) der Landesrat
für Kultur, Bruno Hosp,
und der Landtagsabge-
ordnete Franz Bauer, von
1989 bis 1994 Referent
in der Regionalregierung.
Mit dem Rücken zur
Kamera Landesrat
Luis Kofler

*Es muss ein Schock gewesen sein, Einfluss und Macht
zu verlieren – oder?*

Ja, war es.

„Ein alter Baum wird irgendwann umgesägt." Durnwalder wiederholt es mehrmals, es scheint ein Man-
tra zu sein.

„Ich habe nicht alles selber gemacht, aber dort, wo
ich gefordert war, habe ich mein Bestes gegeben.
Ohne Arbeit kein Wohlstand."

Was ist geblieben von der Zeit, in der kaum ein Weg
an diesem Schwergewicht vorbeiführte – was auch
daran gelegen haben mag, dass der Luis von sechs
Uhr früh bis Mitternacht unterwegs war, manchmal
auch länger, ein Regent zum Anfassen, unver-
wechselbar, gesegnet mit einer Stimme wie Donner,
um den göttlichen Dalai Lama zu zitieren.

Was ist geblieben?

Fotos, Bilder, Geschichten und Gefühle, Erinnerungen an eine starke Hand, bestimmt.

Einige haben wir ausgewählt und beschrieben. Es ist
eine sehr persönliche Sicht auf eine Ära, die Ära
Durnwalder.

Markus Perwanger
Bozen, September 2021

Fotos und Gefühle:
Luis Durnwalder
daheim in Tschirland

Das Büro: Holz, Leder, Kreuz,
ein Bild des Künstlers Karl Plattner

Ungewöhnlich:
Durnwalder mit
Manuskript,
Haushalts-
rede 1989

REICH DES ALTERS

Porträts und Original

Baumeister
der neuen
Selbstverwaltung

AUGENBLICKE EINES POLITISCHEN LEBENS

Luis Durnwalder hat die jüngere Geschichte Südtirols geprägt. 25 Jahre lang war er Landeshauptmann, zuvor Landesrat für Landwirtschaft, Referent der Region Trentino-Südtirol, Bürgermeister und Direktor des Bauernbundes. Zu seinem 80. Geburtstag blickt er zurück – und blättert in dicken Fotobüchern. Starke, aussagekräftige Bilder beschreiben eine unvergleichliche Karriere, sein Leben zwischen greifbarer Bodenständigkeit und einem visionären Blick in die Zukunft. Durnwalder wird 1941 in Pfalzen geboren. Als Oberschüler im Kloster Neustift bei Brixen steht er kurz vor der Einkleidung. Seinen Namen hat er bereits gewählt – Norbert –, aber er entscheidet sich anders und studiert Agrarwissenschaften in Wien. 1967 wird Durnwalder Direktor des Bauernbundes, zwei Jahre später Bürgermeister seiner Heimatgemeinde Pfalzen. In den Landtag wird er 1973 gewählt. Er gehört ihm ununterbrochen bis 2013 an, wird zunächst Referent in der Regionalregierung, später Landesrat für Landwirtschaft.

Der Luis, wie er inzwischen genannt wird, beerbt 1989 Landeshauptmann Silvius Magnago, den Vater des Südtirol-Pakets. In seinen 25 Jahren an der Spitze der Landesregierung festigt Durnwalder die Autonomie und setzt sie um. Er wird zum Baumeister der neuen Selbstverwaltung. Seine politische Karriere und das private Leben beschreibt er in Text und Bild. Die Auswahl der Fotos beschränkt sich nicht auf Offensichtliches, auf historische Momente, sondern öffnet den Blick auf intime, persönliche und weniger bekannte Ereignisse, die Luis Durnwalder zu dem werden ließen, der er ist: ein Großer der Zeitgeschichte Südtirols.

Zu groß?
Vielleicht.
Zu alt?
Nein.

GENERATIONEN

ELTERNHAUS

Zu seinen Eltern hat er „Des" gesagt, nicht etwa Du.
Das war gang und gäbe, natürlich auch für den
Bauernbuben vom Oberwalder am Jörgener Berg.
Elf Kinder haben Johann Durnwalder und Anna
Oberbichler, zwei sterben früh, „unschuldige Kin-
der", liest man am schlichten Stammbaum der
Familie.

Maria, Anton, Stefania, die nur drei Jahre alt wird,
Johann und Albin sind älter als Luis – oder Lois –,
Josef, Thomas, er stirbt im Alter von fünf Jahren,
Franz, Hermann und Martha kamen nach ihm auf
die Welt.

Es war ein gastliches Haus, in dem viel gelacht und
gescherzt wurde. Und der Vater war großzügig.
„Nach dem Zusammenbruch 1945 zogen Scharen
deutscher Soldaten vorbei. Sie wollten ihre Uniformen ausziehen, einfache Kleider fielen weniger auf.
Mein Vater hatte am Ende nur mehr Uniformen im
Schrank."

Die Mutter ist eine Frohnatur. Als ihr Sohn Landeshauptmann werden sollte, hatte sie eine ent-
waffnende Erklärung für dessen Karriere: „Er wollte
immer obenauf sein." Stimmt.

Wenn er wen heiligsprechen könnte, es wäre die
Mutter. „Sie war eine Heldin ihrer Zeit."

Der Heimathof am
Jörgener Berg ober
Pfalzen. "Es war
ein gastliches
Haus, in dem viel
gelacht und
gescherzt wurde."

Die Eltern Anna Oberbichler
und Johann Durnwalder.
Elf Kinder, zwei sterben früh.

Geschwister(von links): Maria, die Älteste, mit
dem kleinen Thomas im Arm; er stirbt im Alter von
fünf Jahren. Es folgen - wie die Orgelpfeifen -
Anton, Johann, Albin, Luis - oder Lois, wie er
daheim genannt wird - und Josef. Nicht im Bild
sind die jüngeren Geschwister Franz, Hermann und
Martha. Schwester Stefania starb im Alter von
drei Jahren.

Noch gibt die Mutter den
Ion an und droht ihrem
Sohn Luis scherzhaft mit
der Muspfanne.

OBENAUF

Was wird aus dem Buben?

GERDA FURLAN

„Ich habe meine erste Frau Gerda vernachlässigt,
auch meine erste Familie."
Luis Durnwalder wirkt für einige Augenblicke,
als säße er in einem Beichtstuhl, als wollte er eine
Sünde bekennen. Er kommt direkt zur Sache:
„Ich habe übertrieben, in meinem Leben drehte sich
so gut wie alles um die Politik, meine Frau wollte
diesen Weg nicht weitergehen."
Gerda Furlan aus Neumarkt hatte ihre Stelle beim
Bauernbund aufgegeben, sie kümmerte sich um
Kinder und Mann, um Erziehung und Haushalt,
zunächst in der Bozner Guglielmo-Marconi-Straße
neben dem Polizeipräsidium, später im behäbigen
Probst-Wenser-Hof im Stadtteil St. Johann.
Eines Abends kommt Durnwalder heim und ent-
deckt am Tisch einen Brief. „Lieber Luis ..." Seine
Frau ist ausgezogen und lebt ab sofort bei einer
Freundin.
Es ist das Ende eines bedeutenden Abschnitts in
seinem Leben. Für ihn wäre das geordnete Private
wichtig gewesen, die Familie war sein Rückzugsort.
Aber die Schnur war gerissen.

Der Bauernbund-
direktor und seine
Frau Gerda Furlan

Hochzeit in Pfalzen
am 24. Juni 1972.
Prälat Konrad
Lechner, Neustift,
traut das Paar.

Gerda mit den
Kindern Sigrid
und Hannes

ANGELIKA UND GRETA

Mit seiner Frau Angelika und der gemeinsamen Tochter Greta ist Durnwalder glücklich. Rundum glücklich.

Damals, 2003, begegnete er Angelika in einer seiner Sprechstunden. Ein Zufall. Die Kindergärtnerin aus Kastelbell begleitet eine Kollegin, sie möchten den Landeshauptmann auf eine wirtschaftliche Besserstellung ansprechen – Teilzeit, mehr Personal, höhere Löhne.

„Pircher ... Angelika.“

„Sie sind doch die Tochter vom Pircher-Sepp, Sängerbund ...“

„Genau ...“

Seither verschwindet die junge Frau nicht mehr aus dem Blickfeld des Luis. Ihr erster Mann, der Unternehmer Karl-Heinz Lamprecht aus Tschars, starb 2005 nach schwerer Krankheit im Alter von 43 Jahren, Angelika lebt jetzt allein mit Maria, ihrer Tochter.

Es kommt, wie es kommt: Die beiden verlieben sich, ziehen irgendwann zusammen, Tochter Greta wird geboren, ein Wunschkind, und sie heiraten – an einem 20. Februar. Vor der Trauung sind sie in Innsbruck, wo am Andreas-Hofer-Tag die Tiroler Ehrenzeichen vergeben werden. Für das Mittagessen bleibt keine Zeit, sie verabschieden sich hastig nach der Vorspeise: „Wir müssen zur Hochzeit, zu unserer Hochzeit – wir heiraten am Abend in Algund.“ Große Feier wird es keine, im Gegenteil, vor dem Bürgermeister erscheinen nur Hochzeitspaar, Tochter und Trauzeugen.

Mit Greta eröffnet sich für Durnwalder eine neue Welt voller Emotionen. Sie bringt den Vater auf andere, auf helle Gedanken.

Das Glück der privaten Welt:
Angelika Pircher und Tochter Greta

Sie könnten ihr Großvater sein ...

Er sei nicht zu alt für diese Rolle, meint Durnwalder. „Maria, die erste Tochter meiner Frau, hat den Vater in jungen Jahren verloren. Es ist nicht gesagt, dass man einen jungen Vater länger als einen älteren an seiner Seite hat."

Das Schicksal lässt sich nicht in die Karten schauen. Mit seiner Tochter Greta sind auch intime Gedanken verbunden, die in die Jahrzehnte zurück- reichen. „Ich vergleiche nie, das wäre falsch, aber neben Greta denke ich oft an meine erste Tochter, wie sie war, wie ich sie erlebt und geliebt habe."

Sigrid starb am 5. Mai 2002 auf der Insel Fuerte- ventura an einer Operation.

„Ich war bei einem Vortrag in Mühlbach. Da erscheint ein bleicher, aufgeregter Mann, der mir betroffen und hastig einen Zettel aufs Rednerpult legt: Tochter ist tot."

Bei der Beerdigung in Pfalzen wird Durnwalder gemeinsam mit seiner ersten Frau Gerda wie in Trance dem Sarg folgen, beide berühren sich, obwohl als Ehepartner bereits getrennt, sie halten sich an der Hand, sie teilen ihre tiefe Trauer.

Sigrid wird Durnwalder immer begleiten, sie hat in ihm Wurzeln geschlagen, die mit den Jahren dichter und fester werden, ganz so wie die Wurzeln eines Baums, der sich an einem kargen Felsen festkrallt – und lebt.

Geburt der Tochter Greta 2009. Engster Familienkreis mit Angelika Pirchers Tochter Maria und Sohn Hannes

Hochzeit am
20. Februar 2020

DER VATER DES PAKETS

„Ich habe geerbt, von Magnago geerbt: das Autonomiestatut, die Verwaltung, all das, was er und
seine Mitarbeiterinnen und Mitarbeiter aufgebaut
haben, ein Land an der Schwelle zu einer neuen
Zeit."

Durnwalder spricht von seinem Vorgänger, Landeshauptmann Silvius Magnago, mit dem leisen Unterton der Verehrung, als gehöre eine Prise Weihrauch
dazu, wenn vom Vater des Pakets, vom legendären
Parteiobmann und Diplomaten die Rede ist, der in
entscheidenden Momenten auf Zeit gespielt hat,
der sein Gegenüber mürbereden konnte.

„Er war der Baumeister, ich der Macher."
Magnago wollte Durnwalder nicht als seinen Nachfolger. Ursprünglich. Der Sohn eines Richters
gehörte einer anderen Generation an, Jahrgang
1914, er war im Krieg, wurde lebensbedrohlich ver-
wundet, stammte aus dem gehobenen Bürgertum.
Wer zwischen den Zeilen lesen konnte, ahnte es:
Nach all den Jahren an der Spitze der Landesregierung, im Landtag und in der Zentrale der SVP,
angesichts der Erfolge und Erfahrungen im politischen Geschäft ließ der hagere, asketische Mann,
der Kriegsversehrte, dem eine Granate ein Bein
zerfetzt hatte, nicht wirklich einen Vergleich zu:
Magnago ist Magnago, den gibt's nur einmal, wer
sollte ihm das Wasser reichen? Mit der hemds-
ärmeligen, direkten, bäuerlichen Art seines Landes-
rates für Landwirtschaft konnte er sich nur schwer
anfreunden. Es waren zwei Welten und zwei
Ansichten, was Politik ist und was sie bewirken
kann.

Leiser Unterton
der Verehrung:
Der Vater des
Pakets übergibt
an den Nachfolger.

PRISE WEIHRAUCH

„Ich war Spitzenkandidat, doch am Montag nach
der Wahl 1988 hat mir Magnago erst gar nicht
gratuliert – und es war kein Versehen. Die Stimmen
waren noch nicht vollständig ausgezählt, aber es
zeichnete sich eines der besten Ergebnisse aller
Zeiten ab."

Das Einzige, was Magnago sagte, wenige Stunden
vor dem Endergebnis: „So viele Vorzugsstimmen
wie ich wirst du nie bekommen." Der Vater des
Pakets irrte. Und was ihn noch schwerer treffen
sollte: Die SVP stand 1988 deutlich besser da als zu
seinen besten Zeiten. Kurz: Sie erhielt so viele Stimmen wie nie zuvor: 184.700, 60 Prozent, 22 der
35 Sitze im Landtag.

Zum Vergleich: Bei der Wahl 2013, als Durnwalder
nach 25 Jahren nicht mehr antrat, bot sich ein anderes Bild: 131.200 Stimmen, 45 Prozent, 17 Manda-
tarinnen und Mandatare, die absolute Mehrheit war
Geschichte. Und der Trend setzte sich fort, fünf
Jahre später, 2018, sind es 119.000 Stimmen für
die Volkspartei, 42 Prozent, 15 Sitze.

Doch zurück zu den beiden Alphatieren: Aus der
skeptischen Distanz entwickelt sich mit der Zeit
eine enge Verbindung. Magnago bleibt für drei weitere Jahre Obmann der SVP, die beiden nähern sich
an, Durnwalder ist kein ungehobelter Macher und
Magnago kein selbstverliebter Zwischenrufer. Was
Magnago überzeugte, waren die Erfolge Durnwalders in der Peripherie, in den Tälern und am Berg.
Mit neuen Straßen, Betriebsansiedlungen und Schulen konnte die Landflucht gestoppt werden. Die
Menschen blieben daheim, sie fanden in der Nähe
eine Arbeitsstelle, mussten nicht wegziehen.

Die Hochschülerschaft
ehrt Landeshauptmann
Magnago.
Deren Vorsitzender
ist Luis Durnwalder.

Baumeister, Muster-
schüler und Präsident:
Luis Durnwalder mit
Karl Gruber, der nach
dem Zweiten Weltkrieg
mit Alcide Degasperi
das Pariser Abkommen
schloss, und der
österreichische
Bundespräsident
Rudolf Kirchschläger

„Wenn ich nach Wien oder nach Rom fuhr, habe ich
Magnago eingeladen mitzukommen. Sein Rat war
mir wichtig. Wir haben uns vor wichtigen
Gesprächen und Verhandlungen gehört, er hatte
eine riesige Erfahrung."
Und er redete gern und viel.
Bei den Fahrten sprach Magnago in der Hauptsache
mit dem Chauffeur – vor ihm, pausenlos, er steuerte
mit, gab Ratschläge: „Jetzt rechts, da links, schneller
... loss gian die Goaß!"
Wenn Durnwalder von Magnago spricht, vom
großen Alten, klingt immer etwas mit: Es hätte mit
seinem Nachfolger doch ähnlich laufen können.

KRAFT

Landeshauptleute unter sich:
Silvius Magnago feiert am
5. Februar 2009 seinen
95. Geburtstag.

Sophia Magnago, ihr Mann und der
Landeshauptmann in Meran, Kursaal

DER ERFAHRUNG

SIGMUNDSKRON

Die Burganlage mit den meterdicken Mauern war lange Zeit eine Ruine, Privatbesitz, um die später allerdings gefeilscht und gestritten wurde – Sigmundskron.

Das Schloss im Südwesten der Landeshauptstadt stand leer. Die Erinnerung an die große Kundgebung des Jahres 1957, an das „Los von Trient!" hatte sich in die Geschichtsbücher verkrümelt, der baufällige Weiße Turm ragte wie ein stillgelegter Schlot in den Himmel, weithin sichtbar, doch was sollte aus Sigmundskron werden? Der geschichtsträchtige Ort durfte nicht in die Bedeutungslosigkeit abdriften, schon allein deshalb nicht, weil er am Weg zur Autonomie eine Schlüsselstellung einnahm. Nach einem angeheizten Tauziehen zwischen Besitzer, Land und Interessenten entschied die Landesregierung, das Schloss zu kaufen, zu sanieren und es der Bergsteigerlegende Reinhold Messner für sein Messner Mountain Museum MMM zu verpachten.

Im Weißen Turm wurde eine Dauerausstellung eingerichtet, um an die Bedeutung von Schloss Sigmundskron in der jüngeren Südtiroler Geschichte zu erinnern.

Gedenkstein auf Schloss Sigmundskron 50 Jahre nach dem "Los von Trient": Magnagos Nichte Christl Rabanser, Landesrätin Sabina Kasslatter Mur, Luis Durnwalder, Museumsgestalter Reinhold Messner

HLÜSSELSTELLUNG

Bewunderung für Silvius Magnago:
die Ikone in Farbe (links) und am
Rednerpult bei der Großkundgebung
auf Schloss Sigmundskron 1957

DER TERMINKALENDER

Wochenschau ohne Zeitfenster: Der Terminkalender des Landeshauptmanns lässt keine Lücke
zu. Dieser Urwald wuchernder Schriftzeichen ist
für den Betrachter ohne Lupe kaum lesbar, doch
Durnwalder hatte sein System und kann selbst nach
Jahren die Einträge entschlüsseln.

Werden Termine verschoben, ziehen sich feine,
dunkle Linien über die Seiten, als wären es Brems-
spuren eines Autos oder Kondensstreifen am Himmel. Aufgeschoben ist nicht aufgehoben.

„Ich habe meinen Kalender natürlich mit den Terminen aus dem Sekretariat abgeglichen. Vor acht Uhr
am Morgen wird man so gut wie keinen Eintrag
finden, weil ich bis dahin in der täglichen Sprechstunde saß."

Der Terminkalender wurde mit der Zeit zum Symbol für die langen Tage des Landeshauptmanns.
Künstler und Grafiker, aber auch Medienleute setz-
ten sich mit ihm auseinander, Fotos im Großformat
wurden bei Ausstellungen und im Museum gezeigt,
angesehene Zeitungen, unter ihnen der „Corriere
della Sera" aus Mailand und die Münchner „Süd-
deutsche", platzierten den Kalender an prominenter
Stelle.

„Ich habe ausschließlich damit gearbeitet", meint
Durnwalder. Kein Handy-Eintrag, kein dickes Heft,
kcine breite Liste mit Terminen und Hinweisen.

„Ich hatte ihn immer dabei, er passte praktisch in
die Tasche."

Und die Farben?

„Stifte und Kugelschreiber ließen sich finden: Was
rot am Kalender stand, war ein Muss." LT steht für
Landtag, LB für Laimburg, FR für Fraktion ...

Symbol langer Tage

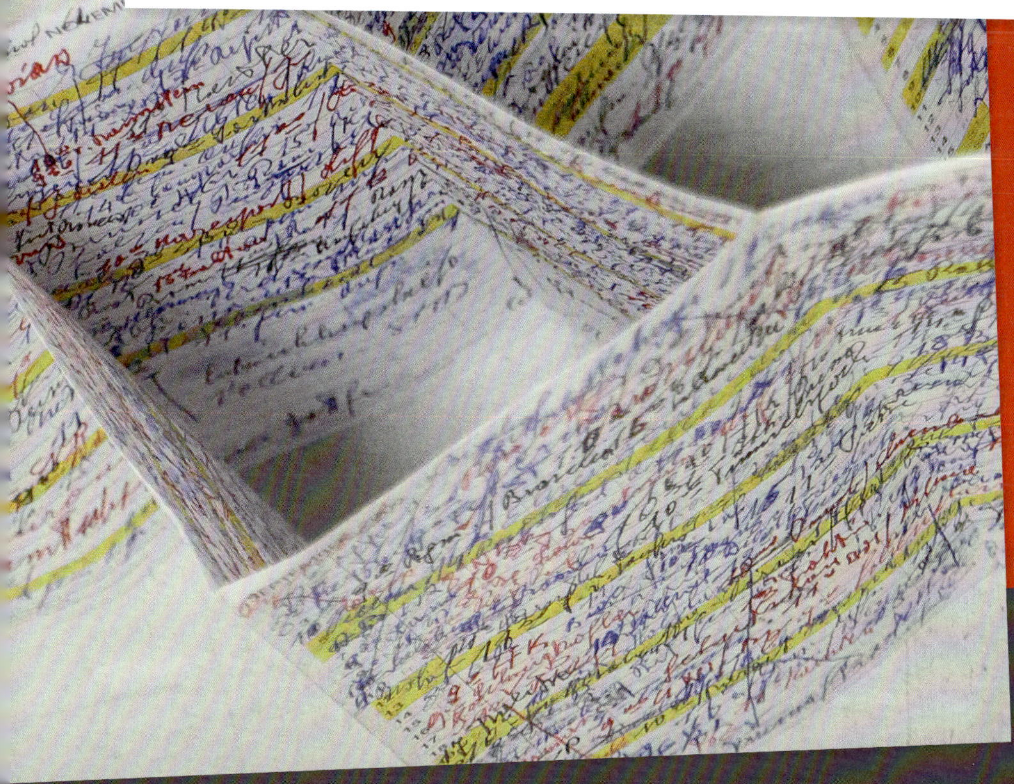

DIE SPRECHSTUNDE

Die Zeit von sechs Uhr früh bis acht war eisern reserviert: Sprechstunde. Der Landeshauptmann taucht vor dem Landhaus auf, wo bereits Frauen und Männer geduldig warten. Sie sind aus allen Landesteilen angereist.

„Der Landesfürst hält Hof" liest man in der Presse, „Bittprozession zum Landes-Luis".

Durnwalder hört das gar nicht gern. „Das kann mir jeder nachmachen", spielt er auf Angriff, „es trifft nicht den Kern, ich fühlte mich nicht wie ein Landesfürst." Ein Leitspruch des Landeshauptmanns bleibe dennoch nicht unerwähnt: „Mit Macht lässt sich was erreichen – aber die Macht muss man sich hart erarbeiten."

Die Sprechstunden jedenfalls sind und bleiben sein Markenzeichen, Macht hin oder her, man wird sich noch in Jahrzehnten daran erinnern. Bereits als Direktor des Bauernbunds kamen Bauern am Morgen zu ihm ins Büro.

Durnwalder setzt die Sprechstunden-Tradition aus dem Bauernbund auch als Landesrat für Landwirtschaft und später als Landeshauptmann fort. In den ersten Monaten beginnt der Reigen um sieben Uhr, doch das wird nach wenigen Wochen zu eng. Durnwalder sitzt seither ab sechs Uhr im Büro.

Durnwalder bestimmt alles selber in der Sprechstunde. War es so?

„Nicht alle waren Bittsteller und nicht alle wollten Geld vom Landeshauptmann. Vielen ging es einfach nur um eine stichhaltige Auskunft über Verwaltungswege, Behörden, Hofübernahmen, Betriebsgründungen und vieles mehr. Nur in einem Drittel der Fälle spielten Beiträge eine Rolle."

WARTEN

IM MORGENGRAUEN

Prozession zum Landes-Luis

Tatsache ist, dass sich auch Bürgermeister, Manager und hohe Beamte im Morgengrauen anstellten, um beim „Durni" vorzusprechen.

Konkret lief es ab wie am Fließband: Drei bis vier Minuten pro Fall, Mitschrift in Stenografie, der Nächste bitte ... Die Notizen landeten später am Schreibtisch des persönlichen Referenten und treuen Durnwalder-Begleiters über Jahrzehnte, Heinrich Holzer; er holte in den Tagen darauf Gutachten und Stellungnahmen ein.

Detail am Rand: Nummern wurden keine gezogen, jeder wusste, wann er dran war. „Einmal kam es sogar vor, dass sich zwei beim Warten kennenlernten, verliebten und geheiratet haben."

Herzblatt im Wartesaal.

Die letzte Sprechstunde hält Durnwalder am 8. Jänner 2014. Kurz darauf räumt er das Büro des Landeshauptmanns.

WIE AM FLIESSBAND

Keine Berührungsängste

"Jeder wusste, wann er dran war."

STATUSSYMBOLE

Durnwalder will davon nichts hören, aber einige
Statussymbole gönnte er sich dann doch: vor allem
den Dienstwagen. Größe: XXL. Sicher, in den
Jahren nach 1989 saß er zunächst in der schwarz
lackierten Limousine seines Vorgängers Silvius
Magnago – auch die durchaus stattlich, sie strahlte
angesichts ihrer Länge Macht und Rang aus.
Magnago war hier entgegen seiner Natur offensicht-
lich einmal nicht übertrieben sparsam.
Seine vertrauten Fahrer heißen Otto Hartmann,
der es liebt, rasant unterwegs zu sein, und Hubert
Zwick, jünger zwar, doch mit einem Hang zur
Vorsicht.
„Der Wagen hat mir das Leben gerettet." Gegen die-
ses Argument hat Kritik keine Chance. Durnwalder
war im Juli 1993 auf der Brennerautobahn in einen
Verkehrsunfall verwickelt. Ein amerikanischer Sol-
dat, der nach Venedig wollte, wechselt bei einer
Lücke zwischen den Leitplanken die Fahrtrichtung
und wird vom Fahrzeug, in dem Durnwalder und
zwei Spitzenbeamte des Landes sitzen, ungebremst
erfasst. Der Mann ist auf der Stelle tot.
„Heute noch schreibt mir die Mutter des Mannes.
Sie weiß, es wäre nicht zu verhindern gewesen. Ein
Drama."
Aber zurück zur S-Klasse: Der Dienstwagen war –
streng genommen – gar kein richtiger Dienstwagen,
die Kenntafel „PC ZS ..." wies ihn als Einsatzfahr-
zeug des Zivilschutzes aus, was den Vorteil hatte,
dass Durnwalder fast überall hin durfte und im
Zweifelsfall als Zivilschützer unterwegs sein konnte.

XXL

Im Zweifelsfall
Zivilschützer im
Dienstwagen

FELSENKELLER

Wer im Felsenkeller der Laimburg bei Pfatten sitzt, bei einer Weinverkostung, einem Empfang oder einfach so, staunt und genießt, es geht nicht anders. Wie viel mag die Edel-Höhle gekostet haben, die in den Porphyr hinter dem Versuchszentrum gesprengt wurde?

„So viel wie eine Feuerwehrhalle am Tschögglberg, die zur gleichen Zeit gebaut worden ist."

Für Durnwalder war es ein Ort des Zaubers, der Begegnung, eine Tafelrunde. „Gäste aus aller Welt habe ich hier begrüßt, Ministerpräsidenten und Sportler, Ehrenamt, Vereine und Delegationen. Die Bäuerinnen waren da, Chöre und Senioren, Manager ... 70 bis 80 Veranstaltungen im Jahr, die Leute waren begeistert."

Kritik am Felsenkeller prallt an Durnwalder ab: „Er hat sich bezahlt gemacht, nach einem Besuch im Felsenkeller schwankten selbst hartgesottene Verhandlungspartner. „Allein beim Stromdeal konnten wir 40 Milliarden Lire herausholen, dank einer geselligen Runde im Felsenkeller."

Er war Durnwalders Vorzeigeprojekt – wie Schloss Trauttmansdorff mit seinen malerischen Gärten ober Meran. Kaiserin Sisis Nobelquartier in den Jahren 1870 und 1889 war damals, Mitte der Neunzigerjahre, in einem erbärmlichen Zustand. Das sollte sich bald ändern. Heure besuchen Hunderttausende sowohl die Gärten als auch das Touriseum zur Geschichte des Fremdenverkehrs.

70 bis 80 Veranstaltungen im Jahr: Tafelrunde im Felsenkeller der Laimburg

EDELHÖHLE

Mit Bauernbundobmann
Leo Tiefenthaler im
Versuchszentrum
Laimburg

KARTEN, JAGD UND FREIE STUNDEN

Jagd und Kartenspiel sind für Durnwalder gleichbedeutend mit Pause und Ablenkung. „Es muss nicht unbedingt ein Watter sein." Natürlich, das Watten ist weit verbreitet, es lässt sich rasch eine Runde finden, aber noch lieber sind ihm Schnapsen oder Trischetten.

Die Jagd ist ein eigenes Kapitel. Nur Jäger können wirklich nachvollziehen, was daran erfüllend ist. Durnwalder beschreibt das Gefühl: „Du darfst nicht reden, es ist ruhig, still. In der Früh aufzusteigen und am Hochsitz zu warten, das geht tief, die Nebel wabern, auf der Wiese liegt der frische Tau, das Dunkel am Waldrand ... unvergleichlich."

Drei Jagdkarten stehen Durnwalder zur Verfügung: Eine für Pfalzen, seinen Heimatort, wo er so gut wie jeden Strauch kennt, eine zweite für St. Johann im Ahrntal und die dritte für Matsch im Vinschgau. Von der Notwendigkeit der Jagd ist er überzeugt. Er fühlt sich als praktischer Grüner. Übrigens: „Der Mensch lebt in der Landschaft, Natur um ihrer selbst willen, das geht zu weit."

Spaß am Saxofon

Auf der Jagd
im Ahrntal...

... und am Hochsitz

Jäger: Schauspieler
Tobias Moretti,
Luis Durnwalder,
Landesjagdaufseher
Alfons Heidegger,
Lebensgefährtin
Heike Müller.
Mit der Ärztin aus
Deutschland war
Durnwalder zehn
Jahre lang liiert.

Gute Karten, treue Freunde

HOHE GEISTLICHKEIT

Luis Durnwalder war ein guter Schüler, gleich zwei Klassen durfte er überspringen, eine in der Mittelschule, eine im Lyzeum, in Neustift bei Brixen, nebenbei Kaderschmiede für Priester und Ordensleute. Die Familie zahlte pro Semester 17.000 Lire. Die Augustinerchorherren hatten mit dem jungen Lois, wie er gerufen wurde, ihre Freude, er war auch drauf und dran, ins Kloster zu gehen – als Herr Norbert.

Die Formel des ersten Gelübdes zitiert Durnwalder noch heute fließend wie ein Vorzugsschüler in Latein: „Ego, Norbertus Durnwalder, promitto vobis et omnibus fratribus vestris secundum regulam beati Augustini vivere et castitatem, paupertatem et obbedientiam conservare in aeternum. Amen."

Keusch, arm, folgsam – noch dazu auf immer und ewig … aus dem Klosterleben wurde dann doch nichts.

Durnwalder, der den verlockenden Reiz des Weiblichen nicht ausblenden wollte – oder konnte –, studierte in Wien, Agrarwissenschaften, dazu einige Semester Jus, was ihm in den Jahren als Bürgermeister und in der Landespolitik durchaus von Nutzen sein sollte.

Wenn es beruflich auch in eine ganz andere Richtung ging, das Kirchliche, Transzendentale spielte in seinem Leben weiterhin eine Rolle. Höhepunkt: die privaten Audienzen bei zwei Päpsten, beim inzwischen heiliggesprochenen Johannes Paul II. und dem deutschen Papst Benedikt XVI., später Pontifex emeritus.

KEUSCH

"Durnwalder ist ein großer Mann.
Seine Stimme klingt wie Donner."
Der Dalai Lama zu Besuch beim
Landeshauptmann

ARM, FOLGSAM

Josef Ratzinger kam seit 1967 regelmäßig nach Brixen, um hier mit seinem Bruder, dem Priester und Kirchenmusiker Georg Ratzinger, seine Ferien zu verbringen, Durnwalder kannte ihn, flüchtig zwar, aber vor diesem Hintergrund hatte er im Vatikan gute Karten.

Im Juli 2008 war Benedikt XVI. in der alten Bischofsstadt auf Urlaub, sofern ein Papst auf Urlaub sein kann. Großer Bahnhof mit Landeshauptmann und Bischof Wilhelm Egger am Bozner Flugplatz, es folgen Empfänge und Gespräche mit dem sanften Universalgelehrten, dem Theologen, besser: Seiner Heiligkeit.

Anders gelagert, doch im Wesentlichen vergleichbar, ist die enge Beziehung zu einer zweiten Heiligkeit, zum göttlichen Dalai Lama, der aus Asien über Umwege nach Südtirol kam, und das mehrmals. Die Kontakte liefen anfangs über einen engen Mitarbeiter des Dalai Lama, der sich über Autonomie und Minderheitenschutz in Südtirol an der Europäischen Akademie Eurac genauer informieren wollte. „Der Dalai Lama ist hochintelligent, ein Philosoph, der auf den ersten Blick spitzbübisch wirkt, ein bis in die letzte Faser seiner Existenz friedfertiger Mann, er könnte keiner Fliege etwas zuleide tun", beschreibt Durnwalder das Oberhaupt der Tibeter, der auf der Flucht vor den chinesischen Besatzern sein Land auf abenteuerliche Weise verlassen musste und nach Indien gelangte, wo er seit 60 Jahren in Dharamsala lebt. Das Land Südtirol hat hier, im Norden des Subkontinents, einige Schulprojekte finanziert.

Bei einem seiner Besuche in Bozen revanchierte sich der 14. Dalai Lama Tenzin Gyatso für Unterstützung und Freundschaft, „Durnwalder ist ein großer Mann, seine Stimme klingt wie Donner ..."

Schützentreffen in Brixen: die Tiroler Politiker Herwig van Staa und Andreas Khol, Diözesanbischof Wilhelm Egger und Bürgermeister Albert Pürgstaller

Urlaub in Südtirol (2008): Papst Benedikt XVI. am Bozner Flugplatz

Bitte lächeln:
Gruppenbild mit dem Dalai
Lama am Stiegenaufgang des
Bozner Hotels "Laurin"

Privataudienz bei
Papst Johannes Paul II.:
Grödner Schnitzkunst
für den Pontifex

Kontakte zum Vatikan: Premiere des Films
"Südtirol und die Päpste".
Der Brixner Bürgermeister Albert Pürgstaller,
Luis Durnwalder, Diözesanbischof Karl Golser,
Rai-Südtirol-Koordinator Markus Perwanger
und Generalvikar Josef Matzneller

Bischofsweihe am 9. Oktober 2011:
Ivo Muser (Mitte), Tirols Landeshauptmann Günther Platter,
der Bischof von Innsbruck, Manfred Scheuer, Luis Durnwalder,
der Erzbischof von Trient, Luigi Bressan, und der Trentiner
Landeshauptmann Lorenzo Dellai.
Dahinter (links) die Bürgermeisterin von Gais, Heimatgemeinde
des Bischofs, Romana Stifter, der Brixner Bürgermeister Albert
Pürgstaller und der Bürgermeister von Bozen, Luigi Spagnolli.

KREISKYS TRÄNEN

„Junge Politiker handeln anders, sie haben andere
Methoden, wenngleich sie häufig ähnliche Ziele ver-
folgen wie wir." Im Lauf seines politischen Lebens
hatte Durnwalder in Österreich mit einer langen
Reihe von Kanzlern und Ministern zu tun, in der
Hauptsache Außenminister, auch mit dem heutigen
Bundeskanzler Sebastian Kurz.

Ob alt oder jung – durch die österreichische Süd-
tirol-Politik zieht sich seit Jahrzehnten ein roter
Faden: Zunächst muss Bozen in Rom aktiv werden
und verhandeln, dann erst ist die Schutzmacht auf
internationalem Parkett am Zug – sollte es nötig
sein.

Wenn er von den Großen der österreichischen Poli-
tik spricht, fällt sofort der Name des legendären
Außenministers und Obmanns der Österreichischen
Volkspartei, ÖVP, Alois Mock. „Er war ein unbeirr-
barer Freund Südtirols, der mit großer Geduld die
Verhandlungen bis zur Streitbeendigung vor den
Vereinten Nationen begleitet hat und 1992 schließ-
lich zum Abschluss brachte."

Zwei weitere Persönlichkeiten bleiben Durnwalder
in tiefer Erinnerung: Wolfgang Schüssel, ehemals
Wirtschafts- und Außenminister, von 2000 bis 2007
Bundeskanzler des Vaterlandes, „ein brillanter Kopf,
ein Freund" – und Bruno Kreisky, auch er zunächst
Außenminister, dann Bundeskanzler von 1970 bis
1983, Vorsitzender der Österreichischen Sozialdemokraten und Schwergewicht der Nachkriegszeit.
Kreisky war bereits krank, als er Ende der Acht-
zigerjahre in Meran zur Kur war.

SCHUTZMACHT

Andere Methoden, ähnliche Ziele:
Österreichs Außenminister und
späterer Kanzler Sebastian Kurz
2014 bei der Landesversammlung
der SVP in Meran

Späte Versöhnung mit Bruno Kreisky

„Ich erfuhr davon und bat Kreisky um einen Termin. Anfangs war die Atmosphäre kühl. Man muss wissen, dass Kreisky mit dem damaligen italienischen Außenminister und sozialdemokratischen Parteifreund, Giuseppe Saragat, in der Südtirol-Frage einen Kompromiss ausgehandelt hatte. Doch wir winkten ab."

Das war 1964.

Kreisky hat der Volkspartei nie wirklich verziehen, dass sie sein Südtirol-Paket versenkt, man könnte sagen: torpediert hat, angeblich, weil man zwei Sozialdemokraten den Erfolg nicht gönnte.

„Das war zwar Unsinn, aber Kreisky nicht mehr auszureden."

Nach einer Stunde mit Erinnerungen an seinen Auftritt als österreichischer Außenminister vor den Vereinten Nationen, an die mühsamen Verhandlungen mit Rom, an Rückschläge, Feuernacht und geheime Kanäle zu Attentätern, bricht das Eis: Durnwalder bedankt sich in tiefem Brustton bei Kreisky dafür, dass er Südtirol – trotz allem – treu geblieben sei, ein Helfer und Freund in der Not, eine Ikone, ein Fels in der Brandung ... Danke! Kreisky ist gerührt. Dass er das noch erlebt. Er ist gerührt und weint. Es sind die Tränen der späten Versöhnung mit dem störrischen, unbequemen Land im Süden.

Alois Mock, unbeirrbarer Freund des Landes, lange Jahre Chef der Österreichischen Volkspartei und Außenminister

"Ein brillanter
Kopf": Wolfgang
Schüssel, ehemaliger
Außenminister und
späterer Bundes-
kanzler Österreichs

Die Landeshauptleute Günther
Platter und Luis Durnwalder
auf Schloss Tirol:
Ehrenformation der Schützen
und Verdienstkreuze

DIE RÖMER

Nicht ohne Stolz zitiert Durnwalder einen Spitzen-
beamten der italienischen Regierung: „Attenti,
arriva il leone", der Löwe sei im Anmarsch, il Presidente, der Landeshauptmann der fernen, kleinen
Provinz Bozen.

Es genügt nicht, bis ins Detail vorbereitet in Verhandlungen zu sitzen und standhaft zu bleiben,
auch äußere Zeichen sind wichtig. Mitunter wichtiger als der Inhalt.

Luis Durnwalder hat das in ungezählten
Gesprächen mit Ministern und Präsidenten, Ver-
waltern und Entscheidungsträgern wiederholt
erfahren. Er hat eine Regierung nach der anderen
erlebt, wobei Regierungschefs, Ministerinnen und
Minister kreisten wie beim Ringelspiel, so viel
ändert sich unter dem Strich dann doch nicht –
auch wenn sich mitunter alles ändert. Die italienische Innenpolitik folgt einer besonderen Logik.

Wer hat tiefe Spuren hinterlassen?

„Mehrere, keine Frage, ich möchte stellvertretend
einige Staatspräsidenten nennen, die für uns wichtig
waren – und die ja meistens einen parlamentari-
schen Hintergrund hatten. Giorgio Napolitano war
zuvor über 40 Jahre lang Abgeordneter, Kammer-
präsident und Innenminister."

Napolitano, der Kommunist, der zum politischen
Gentleman wurde – und schließlich zum ältesten
Senator auf Lebenszeit. Trotz der Etikette, die ihm
zeitlebens wichtig war, trotz des rigiden und über-
ladenen römischen Zeremoniells war der gebürtige
Neapolitaner immer wieder für Überraschungen
gut, so auch 2012. In Südtirol sollten zwei Jubiläen
gefeiert werden: 40 Jahre neues Autonomiestatut,

CHEFSACHE

Abschiedsbesuch in Rom:
Staatspräsident Giorgio Napolitano empfängt im
November 2013 den amtierenden Landeshauptmann
und den designierten Nachfolger.

das 1972 vom Parlament als Verfassungsgesetz verabschiedet worden war, und 20 Jahre Streitbeendigung vor den Vereinten Nationen.

„Es war für römische Gepflogenheiten unerhört, dass
der Staatspräsident von einem Landeshauptmann
oder Präsidenten einer Region eingeladen würde.
Das ging gar nicht – angeblich. Doch ich hatte zu
Napolitano einen guten Draht. Er nannte mir zwei
Termine, die waren in seinem Kalender noch frei.
Mir war es wichtig, dass neben dem italienischen
auch der österreichische Präsident nach Südtirol
kommt. Bei Paket und Streitbeendigung spielten ja
beide Länder eine entscheidende Rolle. Gottlob saß
in Wien Heinz Fischer in der Hofburg, ein auf-
richtiger Freund. Ihn musste ich erst gar nicht überzeugen – und so trafen sich die beiden in Meran, wo
sie auch den Großen Verdienstorden des Landes
überreicht bekamen."

Es sei kein Spaziergang gewesen, den Minderheiten-
konflikt zu entschärfen, sagt Napolitano in seiner
Dankesrede. Und Fischer merkt an, dass die Staats-
oberhäupter Österreichs und Italiens sich zum
ersten Mal auf Südtiroler Boden begegnen. Ein
Meilenstein.

Bereits am 1. April 1998 hatte Napolitano ein Fenster in Richtung Österreich und Europa weit auf-
gestoßen, bei den Feierlichkeiten am Brenner, wo
es nach dem Vertrag von Schengen künftig keine
Schranken und Kontrollen mehr geben sollte. Auch
dies ein historischer Tag.

Durnwalder kann es sich nicht verkneifen, auf den
Tiroler Sonderweg jener Tage hinzuweisen: „Unter
uns haben wir bereits einen Tag früher, am 31. März,
gefeiert und die Schranken abmontiert, Landeshauptmann Wendelin Weingartner aus Innsbruck
und ich. Wir mussten den Schlagbaum fürs

Friedenspfeife nach
Groll: Der frühere
Staatspräsident
Francesco Cossiga
versöhnt sich zu
seinem 80. Geburtstag
mit Durnwalder und
Südtirol.

31. März 1998:
Am Brenner mit dem
Tiroler Landes-
hauptmann Wendelin
Weingartner

Vize-Ministerpräsident
Sergio Mattarella am
9. September 1999 bei
der Eröffnung des Bozner
Stadttheaters

Erinnerungsfoto mit dem Innenminister am Tag
darauf noch einmal verankern und anheben ..."
Vor Napolitano lernte Durnwalder gleich vier
Staatspräsidenten kennen, Sandro Pertini, Francesco Cossiga, Oscar Luigi Scalfaro und Carlo
Azeglio Ciampi. Zwei von ihnen war er persönlich
verbunden – Cossiga und Ciampi.
„Cossiga sprach nicht nur Deutsch, sondern auch
Latein, den großen Cicero zitierte er auswendig.
Er war wiederholt privat zu Gast bei mir in Pfalzen,
ein kluger Mann, schlagfertig und humorvoll."
Später, als Senator auf Lebenszeit, entdeckte Cossiga die Selbstbestimmung, legte einen Gesetzent-
wurf vor und zog gar eine Angliederung Südtirols
an Deutschland in Betracht. Bozen reagiert
betreten. Ist das ernst gemeint? Cossiga meint es
ernst und ist vom säuerlichen Grinsen der Südtiroler tief enttäuscht. Er werde das Land nie mehr
besuchen. Doch die Gewitterwolken verziehen
sich – und mit dem ehemaligen Staatspräsidenten
wird stilgerecht zu dessen 80. Geburtstag die
Friedenspfeife geraucht.
Bankier, Ministerpräsident, Staatspräsident: Carlo
Azeglio Ciampi tritt sein Amt im Quirinalspalast
ungefähr zur selben Zeit an wie Durnwalder in
Bozen. Die beiden kennen sich von früher, Ciampi
liebt Südtirol und die Berge, als Notenbankchef
verbrachte er bereits in St. Vigil in Enneberg den
Sommerurlaub. Jetzt, als Staatspräsident, logiert
Ciampi in einem bewachten Ferienhaus des Heeres
bei Seis. Er ist unkompliziert, mit seiner Frau
Franca sammelt er fürs Leben gern Pilze, und er
zeigt sich leutselig bei Festen, Feiern und Feuerwehr.
Im blauen Schurz.
Es ist üblich, dass Staatspräsidenten hofiert werden,
nicht selten mit Bückling – doch manchmal läuft
was quer – wie beim offiziellen Besuch, den Oscar

Am 5. September 2006
im Südtiroler Landtag
60 Jahre nach dem
Degasperi-Gruber-
Abkommen: Feier für
Ludwig Steiner, Giulio
Andreotti und Alcide
Berloffa.
Im Bild auch Landtags-
präsident Riccardo
Dello Sbarba und der
ehemalige ladinische
Landesrat Hugo
Valentin

Premiere mit zwei
Staatspräsidenten
auf Südtiroler Boden:
Heinz Fischer,
Österreich, und
Giorgio Napoletano,
Italien, treffen am
5. September 2012
in Meran zusammen.
40 Jahre Autonomie-
statut und 20 Jahre
Streitbeilegung vor
den Vereinten
Nationen

Luigi Scalfaro am 23. März 1997 dem Land Südtirol abstattet. Das Bulletin, das die Mitarbeiter des Präsidenten veröffentlichen, lässt erahnen, dass hier ein echt hoher Gast anreist.

Zitat aus dem Portale Storico della Presidenza della Repubblica:
Sonntag, 23. März 1997
8.45 Uhr
Il treno presidenziale giunge alla Stazione di Bolzano. Disceso dalla carrozza, il Capo dello Stato viene accolto dal Commissario del Governo nella Provincia, dal Presidente della Giunta Provinciale e dal Sindaco di Bolzano e dal Responsabile di zona delle Ferrovie dello Stato …
Il Presidente della Repubblica … passa in rassegna un reparto d'onore schierato con bandiera e banda. Al termine dello schieramento, il Presidente della Repubblica prende posto in auto, unitamente alla Signorina Scalfaro.
10.35 Uhr – nach einer Messfeier im Dom
Il Capo dello Stato giunge alla sede della Giunta Provinciale. Salendo con l'ascensore, il Presidente della Repubblica si reca nello Studio del Presidente della Giunta Provinciale, dove ha luogo l'incontro …

In wenigen Worten, der Staatspräsident gibt sich die Ehre, er kommt nicht umhin, dem Zug zu entsteigen, wird begrüßt, nimmt eine Parade ab und benützt – man staune – den Aufzug, um im Landhaus I Luis Durnwalder zu treffen.

So weit, so gut. Was allerdings nicht im Portale Storico steht: Vor dem Besuch hatten Quirinalspalast und Landhaus die Klingen gekreuzt.
Scalfaros Umfeld, das Protokoll, wollte den Hofstaat ins Regierungskommissariat verlegen – und die Bürgermeister, die eingeladen waren, sollten ausnahmslos mit der Tricolore-Schleife erscheinen. Das war hart. Durnwalder setzte sich schließlich durch, einerseits erschienen die meisten Bürgermeister mit ihrer Amtskette, wie im Land bei Empfängen üblich, und das offizielle Treffen mit dem Landeshauptmann fand in dessen Büro im Palais Widmann statt, nicht im Regierungskommissariat.
Das Tauziehen hatte ein weitgehend entspanntes Ende gefunden.
„Einmal abgesehen von diesem Fingerhakeln war Scalfaro durchaus gesprächsbereit. Mir ist es später gelungen, für 24 verurteilte Attentäter der Sechzigerjahre die Begnadigung zu erreichen, unter ihnen verdiente Männer, denken Sie allein an den Publizisten, Historiker und Fotografen Wolfgang Pfaundler."
Und: Nach zähem Feilschen endete unter Scalfaro auch der Streit ums offizielle Banner. Das Ganze hatte eine bewegte Vorgeschichte: Laut Autonomiestatut hat das Land Südtirol das Recht, neben einem eigenen Wappen auch ein eigenes Banner zu führen. Das Landeswappen mit dem Adler aus dem Jahr 1370, der am Altar der Kapelle von Schloss Tirol zu sehen ist, wurde 1983 verliehen – Chefsache unter Magnago. Beim Banner allerdings hatten

Bozen und Rom grundverschiedene
Ansichten: Rom bestand auf Tricolore-
Schleifchen und Lorbeerblätter, eine Art
Rahmen wie auf vergleichbaren Bannern,
Bozen lehnte ab.
Schließlich einigen sich Durnwalder und
der Staatspräsident: Auf die Verzierung
wird verzichtet, in der Mitte ist der
Landesadler zu sehen, daneben der Name
der Autonomen Provinz in den drei
Landessprachen, alles in Gold, die deut-
sche Bezeichnung auf weißem Feld, die ita-
lienische auf rotem – und die ladinische
quer über Weiß und Rot.
Was beweist: Auch ein kleines Banner
führt mitunter zu großen Debatten.

Lächeln nach
Turbulenzen:
Staatspräsident
Luigi Scalfaro
kommt im März 1997
nach Bozen.

BEI ANGELA

Durnwalder bei Angela, Angela Merkel: Das Verhältnis ist sonnig, die Kanzlerin, in ihren besten Zeiten eine der einflussreichsten Frauen weltweit, ist regelmäßig in Südtirol zu Gast, vorzugsweise in Sulden.

„Merkel ist so was von natürlich und unkompliziert", schwärmt Durnwalder, „in Berlin kam sie mir auf der Treppe entgegen, am Telefon meldet sie sich mit dem Vornamen: ‚Angela hier ...‘"

Neben der Kanzlerin kann Südtirol in Deutschland auf einflussreiche Freundinnen und Freunde verweisen: Frank-Walter Steinmeier zum Beispiel, ehemals Außenminister, heute Bundespräsident, der am Ritten so gut wie daheim ist, Regierungsmitglieder, Ministerpräsidenten, Wirtschaftsbosse und andere mehr.

Besonders eng sind die Verbindungen zu Bayern. Das reicht zurück in die Ära Strauß, den bulligen Ministerpräsidenten Franz Josef, eine Ausnahmeerscheinung – in mehrfacher Hinsicht.

Dieses Naheverhältnis bleibt aufrecht – bis heute: „Unser geliebtes Südtirol." Klingt anders, weniger gestelzt als die Formel „Herzensangelegenheit", die von österreichischer Seite unisono bemüht wird, ist jedoch – fast – gleich viel wert.

„Die deutsche Politik dürfte für uns wichtiger sein, als man glauben möchte", formuliert es Durnwalder. Deutschland gilt als stark und einflussreich – was es auch ist. In Rom hat man großen Respekt vor der Deutschen, man liebt sie vielleicht nicht so wie andere, aber um ihre Wirtschaft und ihre Organisation werden sie von den Italienern geradezu beneidet."

EINFL

JSSREICHE FREUNDE

Respekt vor den Deutschen

Was hat das mit Südtirol zu tun?

„Ganz einfach, in Rom weiß man, dass wir mit München und Berlin befreundet sind. Das hebt unseren Wert, stärkt unsere Verhandlungsposition. Wer will die Deutschen – auch nur indirekt – provozieren? Es ist klar, dass Österreich unsere Schutzmacht ist, dass uns Österreich nach Kräften unterstützt, wenn es notwendig wird, dass Österreich durch den Friedensvertrag und über das Pariser Abkommen ein Wörtchen mitzureden hat, wenn es um unsere Autonomie geht. Aber wenn nebenbei auch ein deutscher Minister in Rom nachfrägt, wie das da oben so läuft in Bozen, wie man dies und das regeln möchte ... wird's für einige in Rom unter Umständen eng.

Solche Situationen möchte jeder vermeiden."

Durnwalder lacht verschmitzt, er weiß, dass nicht immer alles laut Protokoll läuft, Politik spielt sich auf mehreren Ebenen ab.

Das bayerische Urgestein Franz Josef Strauß war regelmäßig in Bozen, häufig mit dem Motorrad.

Ständchen für den Kanzler der Bundesrepublik Deutschland, Helmut Kohl. Er feiert seinen 60. Geburtstag. Handelskammerpräsident Robert von Fioreschy, Gerhard Bletschacher, Vorsitzender des Vereins "Stille Hilfe für Südtirol", Franz Spögler, Landesrat für Handel und Handwerk, Kohl, Durnwalder

Am Ritten so gut wie daheim: Frank-Walter Steinmeier, Außenminister und später Bundespräsident Deutschlands, mit Landesrätin Sabina Kasslatter Mur und Landeshauptmann Luis Durnwalder

TOPONOMASTIK

Deutsche Ortsnamen, italienische Ortsnamen, ladinische Ortsnamen ... und keine Lösung. Durnwalder gibt unumwunden zu: „Es ist mir nicht gelungen, das Problem zu lösen, es hat nicht geklappt." Dabei hätte ein Kompromiss zwischen Rom und Bozen in Reichweite gelegen. Mit dem jungen Regionenminister Raffaele Fitto aus Apulien traf der Landeshauptmann in den Jahren 2010 und 2011 eine Regelung, wonach in Makro- und Mikrotoponomastik unterschieden werden sollte. Makrotoponomastik stand für größere Orte, für Gemeinden, Fraktionen und dergleichen – sie wollte man zwei- und dreisprachig benennen –, während kleinere Orte, Weiler, Wiesen und Bergspitzen, Almen und Wege einsprachig bleiben und den ursprünglichen Namen tragen sollten.

Der Kompromiss kam nicht zum Tragen, und die Ortsnamenfrage scheint vor dem Hintergrund unversöhnlicher Standpunkte auch in nächster Zukunft kaum lösbar zu sein.

Wer erinnert sich da noch an die vier Grundsätze, die Durnwalder im Regionenministerium ins Feld führte: freie Namenwahl etwa für Schutzhütten des Alpenvereins, ein Nein zu Fantasiebezeichnungen und zu den Namen, die im berühmt-berüchtigten Prontuario des faschistischen Senators Ettore Tolomei gar nicht aufscheinen, und, vierter Grundsatz, Ortsnamen müssten gebräuchlich und geschichtlich nachgewiesen sein. „Namen, die in der jeweiligen Volksgruppe keiner kennt, sollten auf keinem Wegeschild stehen", wiederholt Durnwalder gebetsmühlenartig. Es war vergeblich, vor allem ethnische Kontroversen führten zum Stillstand.

Hat Sie das getroffen?

„Ich konnte das Problem nicht lösen."

Makro- und Mikrotoponomastik: Der Kompromiss mit Regionenminister Raffaele Fitto bleibt toter Buchstabe.

MEDIENLANDSCHAFT

Mit den Medien war es mitunter ein Spiel, das Durnwalder trieb, dann aber auch ein Tauziehen. Im Haus Athesia lief beides parallel: Einerseits das Tagblatt der Südtiroler „Dolomiten", das sich nicht scheute, Durnwalder offen zu kritisieren, Stichwort Sigmundskron mit dem Messner Mountain Museum MMM.

Andererseits pflegte der Landeshauptmann zur Sonntagszeitung „Z" und deren Chefredakteur Franz Sinn ein geradezu inniges Verhältnis, sie waren Kumpel, könnte man sagen.

Wiederholt ließ er in dem Blatt – unmittelbar vor der Sitzung der Landesregierung am Montag – so etwas wie Testballons steigen, um besser abschätzen zu können, wie man auf seine Pläne reagierte.

„Das Land ist klein – und manchmal sind Debatten auch menschlich eingefärbt", gibt sich Durnwalder altersmild. „Im entscheidenden Moment jedoch, als es darauf ankam, als Wahlen zu bestreiten waren, wurde ich vorbehaltlos unterstützt. Regelmäßig stand am Samstag vor der Wahl ein großes Interview samt Foto von mir in der Zeitung."

„Beim Sender Bozen der Rai waren wir bemüht, ein selbstständiges, von Bozen aus gesteuertes Medienhaus anzustoßen. Es hat nur zum Teil geklappt. Aus dem Mailänder Abkommen fließen ab 2013 indirekt 20 Millionen Euro an die deutsche und ladinische Abteilung der Rai. Es sind Südtiroler Steuergelder, eine Art Ausgleichszahlung für ehemalige Ausgaben des Staates. Die Mitarbeiterinnen und Mitarbeiter des Funkhauses haben heute sichere Arbeitsplätze und einen interessanten Beruf, die Verhältnisse sind stabil."

BALLONS

Neue Perspektiven: Finanzierung aus dem Mailänder Abkommen für Rai Südtirol und Rai Ladinia

Fernsehen und Hörfunk aus dem Ausland:
Die Rundfunkanstalt Ras bringt Sender aus Deutschland,
Österreich und der Schweiz nach Südtirol.

Der Landeshauptmann lädt
die Medien regelmäßig im
August in sein Ferienhaus
nach Pfalzen ein
(Pressetreffen 2012).

Medienkonferenz 1989 in einem Gastgarten in
Pfalzen (mit den Mitarbeitern aus dem Presseamt
Franz Volgger und Carlo Ziller, rechts).
Anders als sein Vorgänger sucht Durnwalder
gezielt den Kontakt zu den Medien.

Der Autor und Heimatkundler
Josef Rampold, Schriftleiter
der Tageszeitung "Dolomiten"

RÜCKTRITT
HANDSCHRIFTLICH

„Leider muss ich nach den Wahlen feststellen, dass es vielen unserer Mandatare nicht so sehr um die Arbeit im Landtag, sondern mehr um die Besetzung von Posten geht. In diesem Klima ... fühle ich mich nicht mehr in der Lage, das Wahlprogramm im Auftrag der Wähler umzusetzen."

Und am Ende: „Wünsche der Partei weiterhin viel Erfolg." Durnwalder bereitet die Keule vor, holt Papier und Feder – und droht mit Rücktritt. Es ist der 17. November 2003.

Der Parteiausschuss soll die neue Landesregierung bestellen, es ist laut Statut der SVP seine Aufgabe. Wie so oft, wenn es um Macht und Ansehen geht, werden Mehrheiten und Stimmen gesucht. Einige Aspiranten haben bereits ihre Abmachungen getroffen, Durnwalder spricht in seinem Schreiben von „Postenschacher". Er möchte allerdings ein Team, das er selber ausgewählt hat, die Landesrätinnen und Landesräte sollen in einem einzigen Durchgang designiert werden. Änderungen ausgeschlossen. Entweder – oder. Entweder Durnwalders Mannschaft – oder er ist weg.

Ein Murren geht durch den Saal, wer hat hier das Sagen? Wird der Parteiausschuss zum Erfüllungsgehilfen des mächtigen Landeshauptmanns?

Das – handschriftliche – Ultimatum wird zwar zu Papier gebracht, aber nicht publik. Nach zermürbender Debatte setzt sich der alte und neue Landeshauptmann durch.

Sein Vorschlag wird akzeptiert. Es beginnen die goldenen Jahre der Ära Durnwalder, er ist am Höhepunkt der Macht.

Doch werden die Wunden in der Partei verheilen – oder wieder aufbrechen, sollten sich die Verhältnisse ändern und der Mächtige wanken?

Die vierte Landesregierung unter
Luis Durnwalder wird im Dezember
2003 gewählt:

Luis Durnwalder,
Landeshauptmann
Otto Saurer,
1. Landeshauptmann-Stellvertreter
Luisa Gnecchi,
2. Landeshauptmann-Stellvertreterin
Luigi Cigolla
Hans Berger
Werner Frick
Sabina Kasslatter Mur
Michl Laimer
Florian Mussner
Richard Theiner
Thomas Widmann

HELLE STERNE AM HIMMEL

Die Zeit verrinnt: Durnwalder nimmt es wie ein knorriger Bauer aus dem Pustertal: „Irgendwann kommt der Moment, dann ist Schluss. Nichts ist ewig. Ein alter Baum wird gefällt." Es ist ein Bild, das beeindruckt und verwirrt: Durnwalder, ein alter Baum, der unter der Axt seiner Epigonen fällt?

Er bemüht das Beispiel wieder und wieder. Schwer zu sagen, ob es ein versteckter Trost ist, vielleicht auch nur eine simple, handfeste Erklärung, warum nach 40 Jahren in der Politik und nach 25 Jahren an der Spitze der Landesregierung ein Ende unausweichlich war.

Wahr ist allerdings, dass für Durnwalder bereits Ausnahmen ins Statut der Volkspartei geschrieben worden waren. Während Landesräte höchstens 15 Jahre im Amt sein dürfen und für Politkarrieren eine Obergrenze von 25 Jahren gilt – ob Landtag oder Parlament –, hat man für den amtierenden Landeshauptmann keine Sperre vorgesehen. Anders gesagt: Durnwalder hätte die politische Bühne 2013 nicht verlassen müssen.

Es liegt in der Natur der Sache, dass spekuliert wurde: Wie lange bleibt er noch ...? Viele hielten sich zurück, man weiß ja nie, andere überschlugen sich mit Durchhalteparolen, Durnwalder ließ sich jedoch nicht aus der Reserve locken.

„99 Prozent sehen das Amt, ein Prozent beachtet den Menschen, den Luis. Bei 110.000 Vorzugsstimmen müssten dann aber doch ein paar übrig bleiben, denke ich."

"99 Prozent sehen das Amt, ein Prozent beachtet den Menschen."
Mit SVP-Obmann Philipp Achammer

„EIN ALTER BAUM WIRD GEFÄLLT"

Ein Nachfolger, den Durnwalder – wie es im Polit-jargon heißt – aufgebaut hätte, stand nicht bereit. Eine verpasste Gelegenheit? Strategie? Treue Weg-gefährten waren schon vorher weggebrochen. Sie standen entweder nicht zur Verfügung, galten als zu wenig strebsam, wollten ins Parlament oder drohten, an Partei und Wählerschaft zu scheitern. Ob Durnwalder missverstanden wurde oder nicht, er bemühte im Vorfeld seines Abschieds jedenfalls eine Metapher, die weit blicken ließ … ins All, an den Nachthimmel des Universums. Auf die Frage nach seiner Nachfolge meinte er poetisch: „Am Firmament sind viele Sterne zu sehen, aber einen, der besonders hell leuchten würde, sehe ich nicht." Alles offen in der Nachfolgefrage, kein strahlender Morgenstern, kein Kronprinz, keine Kronprinzessin.

Erste Reihe: Europaabgeordneter Michl Ebner, Luis Durnwalder und Elmar Pichler Rolle, Obmann der Volkspartei von 2004 bis 2009

FIRMAMENT

Mit den Landesräten Thomas Widmann, Michl Laimer und Richard Theiner sowie dem Fraktionsvorsitzenden im Landtag und späteren Senator Dieter Steger

Um Harmonie bemüht:
SVP-Obmann
Siegfried Brugger
(1992–2004)

ADIEU

Luis Durnwalder steht im Meraner Kurhaus auf der Bühne und wischt sich Tränen der Rührung aus dem Gesicht. 800 Delegierte zur Landesversammlung der Volkspartei haben sich erhoben und klatschen, klatschen und rufen – mehrere Minuten lang, um genau zu sein; drei Minuten und 58 Sekunden. Eine Ewigkeit, Standing Ovations. „Wie könnte man in so einem Moment seine Tränen verbergen?", meint Durnwalder. Es sei schon schwer genug, sich auf die politische Rente vorzubereiten – und jetzt dieser besondere Augenblick ...
„Ich bin auch nur ein Mensch, nicht so hart und nicht so stark, wie viele glauben." Bei den nächsten Wahlen im Herbst 2013 wird er nicht mehr antreten. Es ist ein Abschied mit tosendem Beifall und einem Blumenstrauß in den Landesfarben, Weiß und Rot.
Durnwalder sollte nach seinem emotionalen Abschied vier Jahre später, 2017, auch das Große Goldene Ehrenzeichen seiner Partei verliehen bekommen – nach Silvius Magnago, klar, und Roland Riz. Der versierte Parlamentarier und brillante Jurist steuerte jahrelang mit Alfons Benedikter die zähen Paket-Verhandlungen in Rom. Und es war Riz, der als SVP-Obmann 1992 einen Schlussstrich unter die – nach seinen Worten – „verkorkste Paket-Debatte" zog und den Weg zur Streitbeendigung vor den Vereinten Nationen frei machte.
Halt, noch einer war Träger des Großen Goldenen Ehrenzeichens der SVP: Alois Mock, Außenminister Österreichs und Obmann der Bundes-ÖVP, der österreichischen Volkspartei. Ein durch und durch

NEUE

ZEITEN

Minutenlanger Applaus zum Abschied:
"Bin auch nur ein Mensch, nicht so hart
und nicht so stark, wie viele glauben."

sanfter Mann, ein Diplomat – und ein Muster-
beispiel dafür, wie man in ewig langen Südtirol-
Gesprächen die Fassung behält, selbst wenn alles
besprochen, aber kaum etwas vereinbart werden
konnte. Keine leichte Aufgabe.

Als Landeshauptmann war Durnwalder verschiedent-
lich der Vorsitz der Partei angetragen worden, was er
stets ablehnte. Er sei einerseits kein Parteisoldat, und
zweitens vertrete er als Landeshauptmann alle
Sprachgruppen Südtirols, Deutsche, Italiener und
Ladiner gleichermaßen – innerhalb und außerhalb
der Volkspartei.

In die Doppelrolle des Vorgängers wollte er nicht
schlüpfen, Magnago war ja Landeshauptmann und
gleichzeitig Obmann der SVP, in den letzten Jahren
Ehrenobmann.

Andere Zeiten.

Verhandlungen und
Ende des Streits
zwischen Italien
und Österreich
1992: mit dem
Parlamentarier
und SVP-Obmann
Roland Riz

Letzter Gruß nach 40 Jahren Landtag 2013:
Abschiedsfeier mit Rosa Thaler Zelger, Hanspeter
Munter, Sabina Kasslatter Mur, Julia Unterberger,
Walter Baumgartner, Martina Ladurner und Georg
Pardeller

DER NACHFOLGER

Nach 2013 wird es schwierig, es beginnt die Zeit psychologischer Kleinkämpfe – und politischer Kollateralschäden: Durnwalder tritt ab, sein Nachfolger, Arno Kompatscher, 42, übernimmt, der Geschäftsführer der Umlaufbahn von Seis auf die Seiser Alm, Bürgermeister von Völs und Präsident des Gemeindenverbands.

Es wird keine geregelte Hofübergabe. Durnwalders Stimme klingt nüchtern, doch sein Gesichtsausdruck spricht Bände: „Es hat mir wehgetan, es hat mich verletzt ... kein Dankeschön, nichts ... nach 40 Jahren in der Politik und 25 Jahren an der Spitze der Landesregierung."

Einen hastigen Fototermin zur Übergabe hat man gerade noch vereinbaren können, dann aber Funkstille. Das Büro des Landeshauptmanns wird in Windeseile umgestellt, na gut, neue Bilder, neue Möbel, na gut, die Landesregierung tagt jetzt nicht mehr am Montag, sondern am Dienstag, na gut. Und der Dienstwagen? Steht ungenutzt in der Garage, er soll übers Internet versteigert werden, doch keiner macht mit. Es ist, als ob der Neue einen radikalen Schnitt wollte. Alles, was an seinen Vorgänger erinnert: weg. Eine damnatio memoriae.

„Was soll man dazu sagen ...?"

Durnwalder nimmt es zur Kenntnis.

Aber im Wartezimmer, Landhaus eins, zweiter Stock, hängt doch ein übergroßes Porträt ...

„Stimmt, der Künstler Gotthard Bonell hat es gemalt. Ich schätze ihn, wenngleich immer auch ein Hauch seiner eigenen Stimmung dabei ist. Es ist ein starkes Porträt, meine Hände – typisch, sie formen eine Raute, die Falten und Furchen im Gesicht, doch der Blick wirkt melancholisch, nachdenklich. Ich sehe mich selber etwas anders."

Durnwalder hat seinen Platz in der Ehrengalerie der Südtiroler Landeshauptleute neben Karl Erckert, Alois Vijo Pupp und Silvius Magnago. Wer zum neuen Landeshauptmann muss, kommt an den alten nicht vorbei.

Doch so glatt lief es nicht.

„Der Auftrag kam zögerlich, der Künstler hatte das Porträt bereits auf der Staffelei. Er sollte es schließlich in irgendeinem Büro abgeben, einfach hinstellen. Von einer Feierstunde keine Rede. Es war nicht mehr als eine Pflichtübung: malen, abgeben, Schluss." Für Durnwalder ist es eine Demütigung, die er verzeihen, aber nicht vergessen wird. So ist er programmiert.

Hastiger
Fototermin mit
Schlüsselübergabe
zum Amtswechsel

FUNKSTILLE

TRÜBE GESCHICHTE

Der Titel klingt sperrig, ein klarer Fall von Beamtendeutsch: Gesetzesvertretendes Dekret vom 11. November 1999, Nr. 463, Durchführungsbestimmungen betreffend das öffentliche Wassergut, Wasserbauten und Konzessionen … kurz: Bozen hat sich eine Art Eier legende Wollmilchsau geangelt – die Zuständigkeit für Strom und E-Werke.

„Die Energie, der Strom, war Chefsache", bestätigt Durnwalder, „natürlich habe ich den Landesrat für Energie beigezogen." Die Verhandlungen mit Rom, mit den Energieriesen Enel und Edison-Montecatini liefen über Jahre, waren zäh und kompliziert. Doch dann, 1999, der Durchbruch – was auch an der innenpolitischen Konstellation gelegen haben mag, die Stimmen der SVP im Parlament waren lebenserhaltend für die Regierung …

Mit den neuen Kompetenzen, die mittelfristig Milliardenbeträge in die Kassen des Landes spülen sollten, waren allerdings gefährliche Fallstricke gelegt. Und tatsächlich wird Südtirol wenige Jahre später erschüttert.

„Der Staatsanwalt hat, was mich anbelangt, alles umgedreht und untersucht, er hat nichts gefunden." Durnwalder hat ein ruhiges Gewissen. Aber sein Landesrat für Energie landet vor Gericht, er hat bei der Ausschreibung von Konzessionen geschwindelt, wird verurteilt, verliert Amt und Würden.

Ein bitterer Abgang. Der Musterschüler wird zum Buhmann.

„Michl Laimer hat einen Fehler gemacht, ich habe ihn sogar einen Esel genannt, öffentlich."

Ein Esel in der Landesregierung?

„Er hat bei der Konzessionsvergabe getrickst. Das war falsch. Doch von persönlichem Vorteil keine Rede – und im Nachhinein wäre die Schummelei gar nicht nötig gewesen. Ich konnte nur den Kopf schütteln. Mein Urteil war hart, stimmt, das mit dem Esel ist mir rausgerutscht."

Sieht man davon ab, hat Durnwalder von seinem ehemaligen Landesrat für Energie noch heute eine hohe Meinung. „Ihm wird unrecht getan, er hat viel bewegt und erreicht: Klimahaus, Fernheizwerke, alternative Energie …"

Der Sel-Skandal ist mit der Zeit verblasst, was tatsächlich passiert ist, schwer zu sagen, Insider wissen es – vielleicht.

"Das mit dem Esel ist mir rausgerutscht."
Trotz der Fehler hat Durnwalder vom ehemaligen Landesrat für Energie, Michl Laimer, eine hohe Meinung.

ICHE FALLSTRICKE

AFFÄREN UND SONDERFONDS

Die Feier zum 70. Geburtstag auf Schloss Tirol am
24. September 2011 war eine Zäsur – nicht nur im
Leben Durnwalders, 70 Jahre, immerhin, sondern
vor allem in der Karriere des Landeshauptmanns, der
zweieinhalb Jahre später, im Jänner 2014, die Macht
abgeben sollte. Damals war das aber noch nicht so
klar, es köchelte natürlich in der Gerüchteküche.
400 Gäste kamen, so gut wie alles, was Rang und
Namen hatte, Land, Staat, Obleute, Medien, Promi-
nenz. „Ich wollte mich bedanken, wir haben jahr-
zehntelang zusammengearbeitet. Übrigens: Auch
Wendelin Weingartner hat seinen runden Geburtstag groß gefeiert, in Innsbruck. Und der bayerische
Ministerpräsident Edmund Stoiber in der Münchner Staatskanzlei."
Es regnete Glückwünsche, viele ernst gemeint,
einige weniger. Landeshauptmann-Stellvertreter
Hans Berger, der später in den Senat wechseln sollte,
hielt die Festrede: „Du hast Reibungsflächen
abgebaut, das friedliche Zusammenleben der Volks-
gruppen gefördert und aus Südtirol ein offenes
Land gemacht." Man sonnte sich im Glanz des
Regierungschefs, der bestens gelaunt Hof hielt und
am roten Teppich Hände schüttelte, begleitet von
seiner Partnerin Angelika Pircher – und mitunter
sanft gestupst von Töchterchen Greta, damals zarte
drei Jahre alt.
Hell auch das Gesicht, Durnwalder setzte sein
offenstes Lachen auf, laut, burschikos, es war eine
Feier der Sonderklasse mit Überschwang, Musik –
und einer Fragerunde zum runden Geburtstag mit
einer Moderatorin des österreichischen Fernsehens.
Alles eitel Wonne also, die Metzger und Bäcker, die
Gemeinde Dorf Tirol und die Mitarbeiterinnen

Wer hat das Fest
bezahlt?
Der Rechnungshof
stellt Fragen.

des Landeshauptmanns – in Zeitausgleich; die Jagd-
hornbläser und viele mehr sorgten für Freude,
Heiterkeit und bleibende Eindrücke.

Nur: Das Geburtstagsfest rief einen Staatsanwalt am
Rechnungshof auf den Plan: Wer hat das bezahlt?

„Lächerlich", kontert Durnwalder wenige Wochen
später, die Polemik um seine Feier sei fehl am Platz,
sie habe den Steuerzahler nichts gekostet. „Anstatt
eines persönlichen Geschenks haben sich viele an
der Ausrichtung des Festes beteiligt. Im Übrigen
habe ich das nicht persönlich organisiert, sondern
die Gemeinde Dorf Tirol." Doch der Stein war ins
Rollen geraten, die Ermittlungen gingen weiter, ein
Häppchen nach dem anderen wurde von der Silber-
platte der Gala gezupft und mehrmals umgedreht,
die Lupe im Anschlag: Wer hat wofür öffentliches
Geld ausgegeben?

Da taucht ein Begriff auf, der in den weiteren Jahren
für Kontroversen und Streit bei mehreren Verfahren
vor Gericht eine Rolle spielen sollte: Sonderfonds.
Der Landeshauptmann verfügt – wie bereits sein
Vorgänger, wie die Landesräte – über einen Sonderfonds. Die Gelder aus dieser Kasse kann er ausgeben,
wie er es für richtig hält. Durnwalder führt peinlich
genau Buch. „Ich wollte wissen, wem ich wie viel
gegeben habe, Trinkgeld, kleinere Beiträge und dergleichen."

Es endet zunächst mit zwei Freisprüchen: vor dem
Landesgericht und vor dem Oberlandesgericht,
Sektion Bozen. Doch der Fall ist nicht ausgestanden,
im Gegenteil: Rom, neuer Prozess – diesmal in
Trient –, Schuldspruch, der Kassationsgerichtshof
bestätigt das Urteil.

Kurzum, Durnwalder wird verurteilt.

Doch er wehrt sich und zieht vor den Europäischen
Gerichtshof für Menschenrechte.

Mühlen der Justiz ...

50. Geburtstag auf
Schloss Prösels:
prominente Gratulanten,
Feier ohne Folgen

Freispruch in erster Instanz

MÜHLEN

DER JUSTIZ

„Ich fühle mich persönlich verfolgt", sagt Durnwalder, in seinen Augen blitzt der Groll, der in ihm schlummert, er presst die Lippen aneinander, es hat ihn hart getroffen.

Neben dem Sonderfonds schlägt die sogenannte Murmeltieraffäre Wellen: Durnwalder und der damalige Amtsdirektor für Jagd und Fischerei werden verurteilt – dieses Mal vom Rechnungshof. Was war passiert? Die beiden hatten auf Antrag des Jagdverbands und des Bauernbunds Murmeltiere und anderes Schadwild zum Abschuss freigegeben, Füchse, Dachse, Kormorane …

Zu Unrecht, entscheidet der Richter – und stellt eine seltsame Rechnung an: Bei einem Präparator koste ein ausgestopftes Murmeltier mehrere Hundert Euro. Der Schaden liege daher – angesichts der hohen Zahl an Abschüssen – bei 1,2 Millionen Euro. Die eine Hälfte wird dem Amtsdirektor angelastet, die andere dem Landeshauptmann. Punktum.

Weit glimpflicher – zumindest finanziell – läuft die Geschichte um Durnwalders Schwimmbad in Pfalzen ab, 1993. Der Vorwurf der Vorteilsnahme liegt im Raum, die Staatsanwaltschaft tritt auf den Plan: Wurde Durnwalders Schwimmbad in Pfalzen gratis als Gegenleistung für einen „Gefallen" gebaut? Die Causa endet nach einigem Getöse in der Voruntersuchung, noch bevor es zum Prozess kommt. Durnwalder kann den leitenden Staatsanwalt davon überzeugen, dass an der Geschichte nichts dran ist. „Ich hatte mit der Firma vereinbart, dass ich für eine neuartige Technik erst bezahle, wenn sie auch funktioniert. Ein Missverständnis."

Einem Südtiroler Wochenmagazin, das die Schwimmbadaffäre rauf- und runtergespielt hatte, drohte allerdings der Absturz, der Chefredakteur war weg.

Ehrensalve auf
Schloss Tirol

Der Vater feiert
den 70. Geburtstag,
Tochter Greta ist
drei Jahre alt.

UNTER DER LUPE

KINDER

„Man mag mich noch, auch wenn ich schon lang
weg bin." Das tut gut. Durnwalder sonnt sich für
einen Augenblick in seiner Popularität.

Früher, als er Landeshauptmann war, 25 Jahre lang,
kannten ihn alle. Zu Terminen erschien Durnwalder mitunter etwas früher als erwartet – im Gegen-
satz zu seinem Vorgänger Silvius Magnago, der sich
notorisch verspätete.

In Neumarkt bereiten sich Schüler und Lehrerinnen
gerade auf einen Auftritt vor, da erscheint der
Landeshauptmann. Hilfe, wir sind noch nicht fertig.
Durnwalder unterhält sich in der Zwischenzeit mit
einer Gruppe von Kindern, und eine Lehrerin stellt
die verfängliche Frage: „Wisst ihr, wer das ist …?"
Dicke Fragezeichen an den Gesichtern. Doch einer
weiß es: „Des isch dr Luis!"

Junge Gäste im Sitzungssaal der Landesregierung: Volksschüler aus Lappach
besuchen 2007 den Landeshauptmann.

"Des isch dr Luis!"

FLÖHE INKLUSIVE

„Ich bin Ehrenbürger meiner Heimatgemeinde Pfalzen, des Städtchens Castelraimondo in den Marken,
wo das Land Südtirol 1997 nach dem schweren
Erdbeben half – und von La Paz, der Hauptstadt
Boliviens auf 3400 Meter Höhe."

Durnwalder schaut sich Bilder an, die ihn an seine
Reisen in Länder der ärmeren Welt erinnern: Afrika,
Südamerika, Ferner Osten. Das Land finanziert
dort Schulen, Kindergärten, kleinere Spitäler. Ein
Gesetz verpflichtet die Behörden dazu, sechs Pro-
zent davon regelmäßig zu kontrollieren, vor Ort,
was angesichts der Millionenbeträge, die aus dem
Landeshaushalt stammen, geboten erscheint.

„Meine Sicht der Dinge hat sich stark verändert",
sagt Durnwalder. Er betrachtet ein Foto, das ihn
inmitten einer Dorfgemeinschaft in Afrika zeigt.
„Es war im Sudan, die Menschen konnten es kaum
glauben, dass plötzlich klares, sauberes Wasser aus
dem Brunnen kam." Vorher mussten – vor allem
Frauen – mühsame Wege zu verschmutzten,
schlammigen Wasserstellen zurücklegen. „Mit
bescheidenen Mitteln lässt sich viel erreichen.
Die Frauen arbeiten jetzt im Garten und pflanzen
Gemüse, die Menschen halten Tiere. Bis zu unserer
Hilfe war das nicht möglich."

Wenn einer eine Reise tut ... kann er was erleben.

„Ich erinnere mich lebhaft an die Flöhe, die mich
befielen, als ich mit meiner Gruppe in Südamerika
war. Die Gastgeber hatten uns in einer ärmlichen
Hütte bewirtet."

Flöhe?

„Genau, es war eine schlimme Plage, gottlob hat eine
Mitarbeiterin nach einigen Tagen eine Apotheke
entdeckt, ich war arg zugerichtet."

Sauberes Wasser für
ein Dorf im Sudan:
Die Auslandsreisen
verändern die Sicht
auf ärmere Länder.

Straßenmarkt
in Kathmandu,
Nepal

Farbenfroher Besuch aus Südafrika im Landhaus: der aus Pfalzen stammende Missionar Josef Knapp und der Chor "Phalafala Ya Afrika" im Bozner Landhaus

HERZINFARKT

Schmerzen und Druck am Hals, schaut nicht gut aus: Durnwalder nimmt die Warnzeichen auf die leichte Schulter, ruft um Mitternacht die Rettung, die Diagnose lässt keinen Zweifel offen: Herzinfarkt. Der Eingriff dauert eine Stunde, dann Intensivstation – zur Sicherheit.

Es melden sich Bischof und Regierungskommissar, die Presse rückt an, große Aufregung. Der Portier am Eingang des Krankenhauses gerät in helle Erregung und befürchtet das Schlimmste: „È già morto?"

Nein, Durnwalder lebt, ist agil und verlässt das Krankenhaus nach zwei Tagen – auf eigenes Risiko.

Der Eingriff dauerte eine Stunde, dann – zur Sicherheit – Intensivstation.
Umberto Tait, Direktor des Gesundheitsbezirks Bozen, und die Kardiologen Rainer Oberhollenzer und Walter Pitscheider

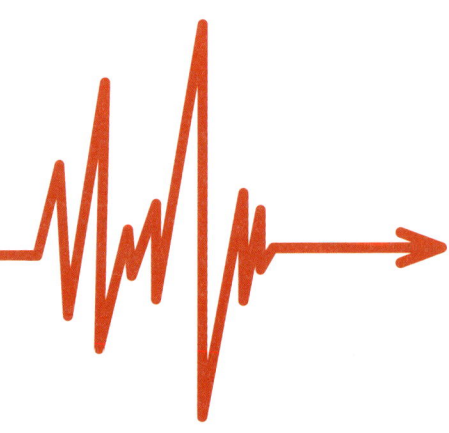

„È GIÀ MORTO?"

Am 23. September 1941 kommt Luis Durnwalder in Pfalzen als sechstes von insgesamt elf Kindern des Ehepaares Johann Durnwalder und Anna Oberbichler zur Welt.

Volksschule in Hofern, Gemeinde Kiens, Mittelschule, Gymnasium und Lyzeum in der **Klosterschule Neustift** bei Brixen

Matura im Jahr 1962 am staatlichen Klassischen Gymnasium in Bozen

Von 1962 bis 1966 besucht Luis Durnwalder die Hochschule für Bodenkultur in Wien. Staatsprüfung und Abschluss in Agrarwissenschaften an der Universität Florenz. Studium der Rechtswissenschaften in Wien und Innsbruck. Vorsitzender der **Südtiroler Hochschülerschaft (SH)** 1964/65

Lehrer an der Mittelschule in Bruneck und an der Gewerbe- und Handelsoberschule Bozen in den drei Jahren nach seinem Studium

Von 1968 bis 1979 Direktor des Südtiroler Bauernbundes, Durnwalder schreibt für die Verbandszeitung „Der Südtiroler Landwirt" und ist presserechtlich für die Fachzeitschrift „Freiwillige Feuerwehr" verantwortlich

Von 1969 bis 1973 Bürgermeister seiner Heimatgemeinde Pfalzen

24. Juni 1972: Hochzeit mit Gerda Furlan

9. August 1973: Geburt der **Tochter Sigrid**

Von 1973 bis 2013 Abgeordneter zum Südtiroler Landtag und zum Regionalrat

Von 1973 bis 1978 Referent der Region für das Grundbuchwesen und Vizepräsident des Südtiroler Landtags

27. November 1974: Geburt des Sohnes Hannes

Von 1979 bis 1989 **Landesrat für Land- und Forstwirtschaft, Jagd und Fischerei**

Von 1984 bis 1994 Obmannstellvertreter der Südtiroler Volkspartei, SVP

Vom 17. März 1989 bis zum 14. Jänner 2014 **Landeshauptmann Südtirols.** Vier Ziele steuert er in den 25 Jahren seiner Amtszeit an: Er möchte die Autonomie ausbauen und den Wohlstand fördern, das Verhältnis der Sprachgruppen entspannen und Südtirol im vereinten Europa positionieren.

Am **9. September 1991** wird die berühmteste Gletschermumie der Welt am Tisenjoch im Schnalstal entdeckt – von Erika und Helmut Simon aus Nürnberg. Die Mumie, die als **Ötzi** bekannt wurde, ist 5300 Jahre alt. Eine Neuvermessung der Staatsgrenze am Tisenjoch ergab, dass Ötzi um wenige Meter auf italienischer Seite lag. Zur wissenschaftlichen Untersuchung bleibt die Mumie zunächst in Innsbruck, **am 16. Jänner 1998 wird sie nach Bozen überführt,** wo das Gebäude der ehemaligen Österreichischen Nationalbank heute das Archäologiemuseum beherbergt.

Am **30. Jänner 1992** genehmigt die römische Regierung unter Ministerpräsident Giulio Andreotti die ausstehenden Durchführungsbestimmungen zum Autonomiestatut. Das Paket ist damit erfüllt, künftige Änderungen sollen nur mit Zustimmung der Südtiroler Bevölkerung vorgenommen werden.

Landesräte für
Landwirtschaft:
Peter Brugger,
Joachim Dalsass,
Luis Durnwalder
(1989)

Am 11. Juni 1992 wird die Streitbeilegungserklärung von Österreich und Italien formell vor den Vereinten Nationen abgegeben.

Von 1993 bis 2014 Sitz und Stimme im Europäischen Ausschuss der Regionen in Brüssel

1994 zweite Amtszeit als Landeshauptmann

1995: Die Gutsverwaltung Laimburg übernimmt unter Direktor Klaus Platter die Führung der Gärten von **Schloss Trauttmansdorff** und beginnt mit der Bepflanzung der Anlage. Eröffnet werden die Gärten im Juni 2001. Nach vier Jahren, 2005, zählt man den millionsten Besucher.

Juli 1995: Vereinbarung mit den Bozner Stahlwerken in der Höhe von 63 Milliarden Lire. Das Land erwirbt die Produktionsfläche und verpachtet sie weiter.

1996 Durchführungsbestimmungen zu Schule und Finanzen

Am 31. Oktober 1997 wird Durnwalder zum ersten Präsidenten der **Freien Universität Bozen** gewählt. Seit dem 19. Februar 2002 ist er deren Ehrenpräsident. Die Bibliothek der Freien Universität trägt seit 2011 seinen Namen.

1. April 1998: **Fall der Grenzkontrollen.** Symbolische Öffnung der Brennergrenze und Beseitigung des Grenzbalkens. Anwesend sind die Innenminister Italiens und Österreichs, Giorgio Napolitano und Karl Schlögl, Luis Durnwalder und der Tiroler Landeshauptmann Wendelin Weingartner.

Erfolgsprojekt Gärten von
Schloss Trauttmansdorff:
blumiger Empfang für die
100.000. Besucherin 2001

Handschlag am
Brenner mit
Wendelin
Weingartner

1999 gründen die Verkehrsminister Österreichs und Italiens die Europäische Interessengemeinschaft **BBT.** Sie soll den Brennerbasistunnel, den mit 64 Kilometer längsten Eisenbahntunnel der Welt, projektieren. Die Nachfolgegesellschaft ist seit 2004 für den Bau des Basistunnels verantwortlich.

1999 dritte Amtszeit als Landeshauptmann

1999 Durchführungsbestimmungen zur Energie

Im Oktober 2000 verabschiedet das Parlament die **Reform der Regionen:** Die beiden Länder Südtirol und Trentino werden gegenüber der Region aufgewertet, die Ladiner erhalten mehr Rechte.

Mit einer Volksbefragung tritt am 9. November 2001 diese Verfassungsänderung in Kraft. Landesgesetze benötigen keinen Sichtvermerk der Regierung mehr, der Begriff Südtirol wird in die italienische Verfassung aufgenommen.

5. Mai 2002: Durnwalders Tochter Sigrid stirbt bei einer Operation auf der Insel Fuerteventura.

12. Dezember 2003 vierte Amtszeit als Landeshauptmann

Am 18. Februar 2004 übernimmt Durnwalder für zweieinhalb Jahre den Vorsitz der **Regionalregierung.** Die Regelung, wonach zur Hälfte der Gesetzgebungsperiode ein Wechsel stattfindet, gilt bis heute. Zweieinhalb Jahre ist der Südtiroler Landeshauptmann Präsident der Region, zweieinhalb Jahre der Trentiner Landeshauptmann.

Die Zahl der Sozialwohnungen wird schrittweise gesteigert und schließlich verdoppelt.

Lorenzo Dellai,
Trentiner Landes-
hauptmann, und
Luis Durnwalder,
wechseln sich an
der Spitze der
Regionalregierung
ab.

Das Land bringt den Bau von Schulen und die Erschließung abgelegener Regionen voran. Der Tourismus erlebt einen Aufschwung.

Seit Mai 2005 muss die persönliche Sprachgruppenerklärung nicht mehr im Zuge der Volkszählung, die alle zehn Jahre stattfindet, abgegeben werden, sondern nur noch einmal. Die Erklärung, die unbefristet gilt, wird am Landesgericht aufbewahrt und kann bei Bedarf angefordert werden. Ein kurzfristiger Wechsel der Zugehörigkeits-erklärung ist nicht möglich. Eine Änderung greift erst nach eineinhalb Jahren.

Am 5. Mai 2005 nimmt die neue **Vinschger Bahn** den Betrieb auf. Der Zug verbindet Meran mit Mals. Die Strecke war 15 Jahre lang still-gelegt. Am 12. April 2010 wird ein Zug der Vinschger Bahn zwi-schen Kastelbell und Latsch während der Fahrt von einer **Schlamm-mure** erfasst. Neun Menschen starben, 28 Fahrgäste wurden verletzt.

2006: Die Regierung unter Romano Prodi verabschiedet mehrere Durchführungsbestimmungen zum Autonomiestatut, unter anderem zum Bozner Konservatorium, das aufs Land übergehen wird, und zur Energie.

Landeshauptmann Luis Durnwalder und Verteidigungsminister Arturo Parisi unterzeichnen am 10. August 2007 eine Vereinbarung: 90 Hektar Militärareal gehen an das Land, das dafür 200 Wohnhäuser für Berufssoldaten und deren Familien finanziert.

Sieben Wasserkraftwerke der Energiegesellschaft Edison werden ab 2008 gemeinsam mit der Landesenergiegesellschaft **Sel** geführt. Der Schlüssel: 40 Prozent Edison, 60 Prozent Sel.

2008 überträgt das Unternehmen Enel sein Stromverteilernetz an die Landesenergiegesellschaft Sel.

2008 ernennt die **Leopold-Franzens-Universität Innsbruck**
Durnwalder zum Ehrensenator.

2008 fünfte Amtszeit als Landeshauptmann

Im Jahr 2009 finden zahlreiche Veranstaltungen in Erinnerung an die
Volkserhebung unter Andreas Hofer vor 200 Jahren statt.

3. August 2009: Geburt der Tochter Greta

30. November 2009: Landeshauptmann Luis Durnwalder
unterzeichnet mit den Ministern Giulio Tremonti und Roberto Calde-
roli ein Abkommen zur stabilen Finanzierung der Südtiroler Autonomie.
Mit dem „Mailänder Abkommen" entlasten die Länder Südtirol und
Trentino den Staatshaushalt und beteiligen sich anteilsmäßig an den
Staatsschulden. Die beiden Länder können ehemals staatliche Kompetenzen übernehmen. Für Grenzgemeinden sind Ausgleichszahlungen
vorgesehen.

25. Mai 2010: Altlandeshauptmann Silvius Magnago stirbt im Alter
von 96 Jahren. Durnwalder ehrt ihn als Vater der Autonomie.

2011: Der Streit um das faschistische **Siegesdenkmal** in Bozen wird
entschärft. Land, Stadtgemeinde Bozen und Staat einigen sich darauf,
im Untergeschoss des Denkmals eine Dauerausstellung einzurichten.
Sie trägt den Titel: BZ '18–'45 Ein Denkmal, eine Stadt, zwei Diktatu-
ren. Die Ausstellung wird 2014 eröffnet.

Das gesamtstaatliche **Treffen der Gebirgsjäger Alpini** findet von 11.
bis 13. Mai 2012 in Bozen statt. Es reisen 160.000 Teilnehmer an.

Juni 2011: **Gründung der Europaregion Tirol** mit den Ländern Südtirol und Trentino und dem österreichischen Bundesland Tirol. Es wird die Einrichtung eines Euregio-Büros in Bozen beschlossen.

Die Staatspräsidenten von Italien und Österreich, Giorgio Napolitano und Heinz Fischer, treffen zum Tag der Autonomie am **5. September 2012** in Meran zusammen. Sie werden von Luis Durnwalder mit dem Großen Verdienstorden des Landes geehrt. Anlass zur Feier geben zwei Jubiläen: 40 Jahre zweites Autonomiestatut und 20 Jahre Streitbeilegung vor den Vereinten Nationen. Das Südtiroler Autonomie-Modell wird als beispielhaft für Krisenregionen innerhalb und außerhalb Europas bezeichnet.

Die Toponomastik wird im **September 2012** per Landesgesetz geregelt, allerdings von der Regierung angefochten. Das Abkommen, das Luis Durnwalder und Regionenminister Raffaele Fitto getroffen hatten, wird nicht umgesetzt. Eine Lösung per Durchführungsbestimmung scheitert in der Sechserkommission.

Der **Landeshauptmann und Ministerpräsident Enrico Letta** unterzeichnen am **11. August 2013** das sogenannte „Bozner Abkommen". Die italienische Regierung und das Land einigen sich darauf, autonomiepolitische Probleme schrittweise zu regeln.

2016: Durnwalder wird zum **Mitglied des Autonomiekonvents** bestellt, der sich mit der Weiterentwicklung der Südtiroler Autonomie befasst. Er legt im Abschlussbericht einen Katalog von Vorschlägen vor.

20. Februar 2020: Hochzeit mit Angelika Pircher in Algund

EINSICHTEN

„Genießen wir jeden Augenblick." Ob sich das machen lässt? Und wie? Das Gespräch dreht sich jetzt um Wesentliches: um Leben, Alter, Glaube, Kinder, Glück.

„Die Menschen, die mir nahestanden, habe ich gefordert, möglicherweise überfordert. Sie bekamen wenig zurück. Doch sie waren da, sie haben sich um mich gekümmert. Ich glaubte, keine Zeit zu haben, doch mit dem Alter wurde mir klar, jetzt ist die unmittelbare Umgebung wichtig. Wenn man nicht mehr im Rampenlicht steht, kann man sich auch Schwächen leisten."

Um Goethe zu bemühen, Faust: Nun sag', wie hast du's mit der Religion?

Durnwalder war drauf und dran, ins Kloster einzutreten. Der Weg in die Politik folgte eher Zufällen. Was daraus wurde, weiß man. Er hat nicht Nein gesagt.

Wenn auch aus dem Chorherrn Norbert in Neustift nichts werden sollte, Religiöses blendet der Realist und Pragmatiker deshalb nicht aus: „Es fällt mir manchmal schwer, die Entscheidungen der Kirche nachzuvollziehen, an das ewige Leben, an ein Jenseits zu glauben, wo wir uns alle wiedersehen. Aber trotz aller Schwierigkeiten bin ich ein gläubiger Mensch.

Wir leben weiter, weil Kinder da sind, auch durch die Erinnerung und die Spuren, die wir hinterlassen – von der Geburt bis zum Tod."

Durnwalder ist Realist – im Alter, in Krisen, bei seinem Infarkt. „So ist es, ich muss es akzeptieren."

Und was mag er ganz und gar nicht?

„Dummheit und ein scheinheiliges Getue."

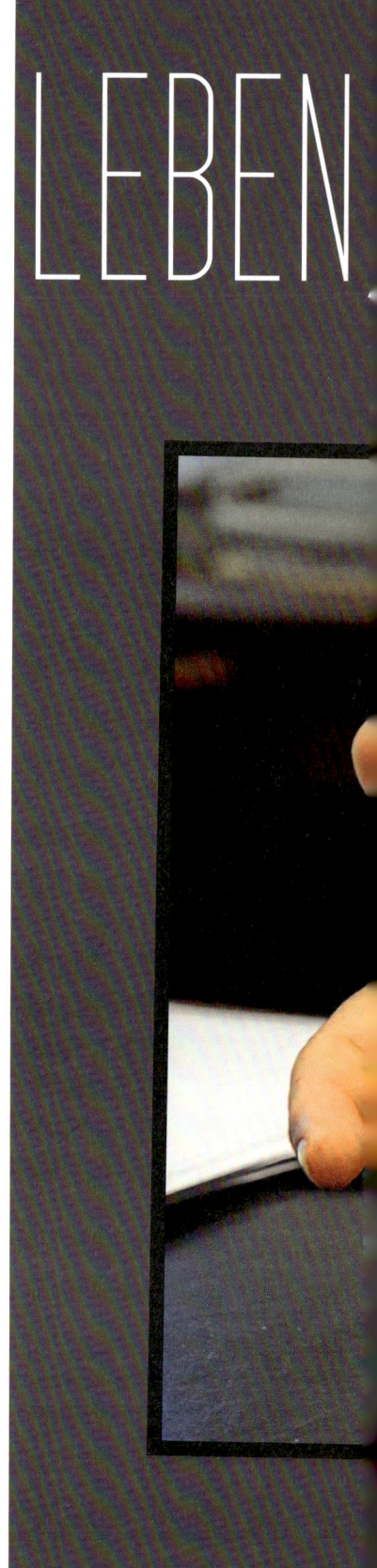

ALTER, GLAUBE, KINDER, GLÜCK

Durnwalder ist Realist — im Alter,
in Krisen, bei seinem Infarkt.
"So ist es, ich muss es akzeptieren."

BILDNACHWEIS

APA (Foto Robert Parigger): S. 47

Athesia-Tappeiner Verlag: S. 119 Mitte

Bildstelle Vatikan: S. 54

Bundespressedienst Berlin: S. 73

Bundespressedienst Bonn: S. 75 unten

Dolomitenarchiv: S. 6, 9 oben (Foto Leo Flenger), 9 Mitte und unten, 11, 12, 16/17
(Foto Erika Gamper), 27 unten (Foto Otto Ebner), 29 (Foto Erika Gamper), 33, 35
(Foto Erika Gamper), 37 oben (Foto Martin Lercher), 39, 41 unten, 48 oben, 49 oben, 53 oben
(Foto Erika Gamper), 55 oben, 55 unten (Foto Erika Gamper), 59 oben (Foto Luca Ogni-
bene), 65, 66 und 67 oben (Fotos Erika Gamper), 69 oben (Foto Erika Gamper), 69 unten
(Foto Daniel Agostini), 71, 77 oben (Foto Armin Sparer), 77 unten, 79 (Foto Luca Ognibene),
80 oben (Foto Otto Ebner), 81, 85 (Foto Luca Ognibene), 86, 87 oben (Foto Erika Gamper),
87 unten, 89, 90, 91 oben, 95 (Foto Erika Gamper), 97, 99, 100/101, 103 unten (Foto Otto
Ebner), 108/109 (Foto Otto Ebner), 111, 115 unten, 117 Mitte und unten (Fotos Erika
Gamper), 119 oben (Foto Erika Gamper), 123 unten (Fotos Erika Gamper), 125 oben,
125 Mitte (Foto Daniel Agostini), 127

Durnwalder, Luis: 19, 20, 21, 22, 23, 27 oben, 41 oben, 46, 60, 67 unten, 83 Hintergrund, 105,
113, 115 oben, 123 oben und Mitte

Landespresseamt der Autonomen Provinz Bozen: 31, 32 (Foto Arno Pertl), 34, 45 oben
(Foto Arno Pertl), 48 unten, 51, 53 unten, 56/57, 59 unten (Foto Josef Pernter), 61, 74, 80
unten (Arno Pertl), 83 unten, 91 unten, 93 oben, 104, 107, 115 Mitte, 117 oben, 121 oben
und Mitte, 121 unten (Foto Arno Pertl), 125 unten

Perwanger, Markus: S. 5, 10/11, 13, 14, 25, 37 unten, 93 unten

Pressestelle Bayerische Staatskanzlei: S. 75 oben

Prossliner, Karl/K. Filmproduktion: S. 43

Renzi, Matteo: S. 119 unten

Schützenkompanie Meran: S 62/63

Sinn, Franz: 49 unten, 103 oben

Südtiroler Bauernbund: S. 45 unten